MERIAN

Das Monatsheft der
Städte und Landschaften im
Hoffmann und Campe Verlag
Hamburg
Heft 6/24

Chefredakteur: Dr. Will Keller
Redakteure: Hans Joachim Bonhage,
Rainer Klofat, Dr. Peter Mayer,
Hanns Straub
Graphische Gestaltung: Erika Schmied
Anzeigenleitung: Michael Wittke
Anzeigenstruktur: Bernd Knospe

Oslo und Südnorwegen

Die Haupt- und Residenzstadt Oslo (sprich: Uusluu) ist eine muntere und selbstbewußte *madame sans gêne* (S. 6). In den letzten hundertzwanzig Jahren hat sie alle anderen Städte Norwegens weit überflügelt, wurde sie so sehr Mittelpunkt des Landes, daß sie heute als die einzige wahre Großstadt zwischen Nordkap und Skagerrak gelten kann: Um ihre Hauptstraße, die Karl Johan (S. 16), und um ihre Universität konzentriert sich das kulturelle Leben der 4 Millionen Norweger (S. 74).

Dabei prunkt sie kaum mit kostbarem Geschmeide „altehrwürdiger" Baudenkmäler, mit historisch bedeutsamen Erinnerungsstätten. Ihr Charme besteht in ihrer unverbrauchten Natürlichkeit, im einmaligen Reiz ihrer Lage, in der Anmut ihrer Umgebung. Wer sie besucht, sollte sich Tageswanderungen durch die Nordmarka (S. 57) oder Segeltörns Kurs Südsüdwest in den Oslofjord (S. 24) nicht entgehen lassen.

An dessen Ufern wurden drei schnittige Boote gefunden, wie sie die Wikinger für ihre Fahrten nach Spanien und ins Schwarze Meer, nach Grönland und Nordamerika benutzten: Sie stehen heute in den Schiffsmuseen auf Bygdöy, benachbart der „Fram" von Fritjof Nansen, den sein Nordmannsblut gleich vielen anderen hinausgetrieben hatte, den „Hunger nach dem Unbekannten" zu stillen (S. 35).

Und Südnorwegen zwischen Rogaland und Östfold? Ein traditionsreiches Bauernland auf karger Scholle, weithin dem Ansturm der Moderne preisgegeben: 38 000 Höfe wurden in zehn Jahren von ihren Besitzern verlassen (S. 78). Aber darum auch ein Paradies für Menschen, welche die Stille suchen (S. 82). Hier, auf dem Gut Nörholm bei Grimstad, suchte auch Norwegens größter Erzähler, Knut Hamsun, seinen Frieden (S. 88). Doch der blieb ihm versagt ...

Titelbild: Im innersten Telemark, Foto: Hans Meyer-Veden. **Rücktitel:** Oslos Festung Akershus von der Wasserseite, Foto: Hans Demmeler. **Bild rechts:** Knut Hamsun, 91jährig, auf seinem Hof Nörholm. Foto: Haug, Oslo.

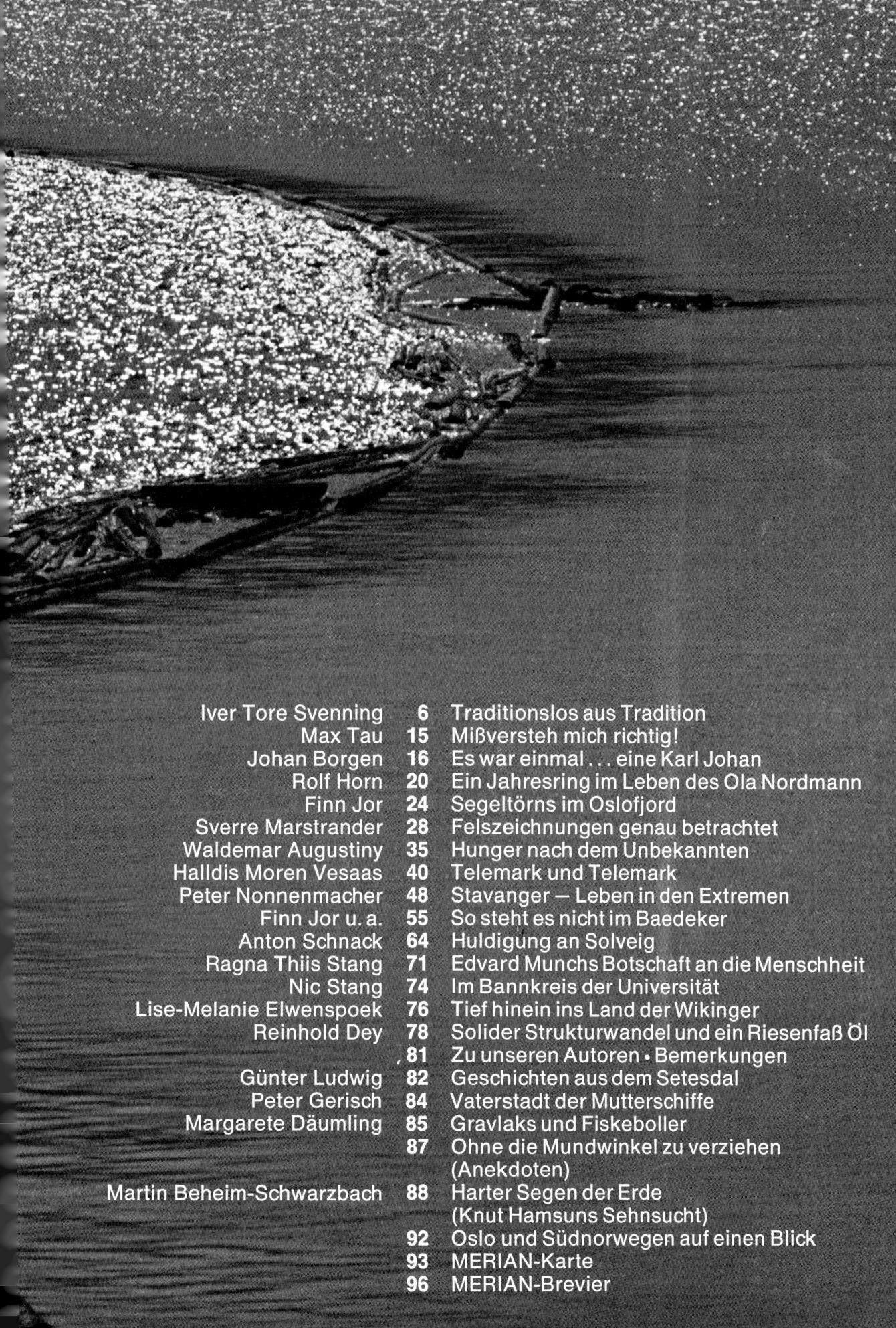

Iver Tore Svenning	6	Traditionslos aus Tradition
Max Tau	15	Mißversteh mich richtig!
Johan Borgen	16	Es war einmal … eine Karl Johan
Rolf Horn	20	Ein Jahresring im Leben des Ola Nordmann
Finn Jor	24	Segeltörns im Oslofjord
Sverre Marstrander	28	Felszeichnungen genau betrachtet
Waldemar Augustiny	35	Hunger nach dem Unbekannten
Halldis Moren Vesaas	40	Telemark und Telemark
Peter Nonnenmacher	48	Stavanger — Leben in den Extremen
Finn Jor u. a.	55	So steht es nicht im Baedeker
Anton Schnack	64	Huldigung an Solveig
Ragna Thiis Stang	71	Edvard Munchs Botschaft an die Menschheit
Nic Stang	74	Im Bannkreis der Universität
Lise-Melanie Elwenspoek	76	Tief hinein ins Land der Wikinger
Reinhold Dey	78	Solider Strukturwandel und ein Riesenfaß Öl
	81	Zu unseren Autoren • Bemerkungen
Günter Ludwig	82	Geschichten aus dem Setesdal
Peter Gerisch	84	Vaterstadt der Mutterschiffe
Margarete Däumling	85	Gravlaks und Fiskeboller
	87	Ohne die Mundwinkel zu verziehen (Anekdoten)
Martin Beheim-Schwarzbach	88	Harter Segen der Erde (Knut Hamsuns Sehnsucht)
	92	Oslo und Südnorwegen auf einen Blick
	93	MERIAN-Karte
	96	MERIAN-Brevier

Oslo ist zwar über 900 Jahre alt, und Residenz war es schon unter König Håkon V., der um 1300 die Festung Akershus anlegen ließ. Dennoch haftet dieser nordischen Metropole etwas vom Odium des *newcomers* an: Das liegt an dem ungewöhnlichen Aufschwung, den Norwegens Hauptstadt in den letzten 120 Jahren genommen hat. Noch 1850 mit etwa 30 000 Einwohnern ein Handelsplatz wie etliche andere im Lande, zählt es heute eine halbe Million Stadtbürger, wickelt in seinem vorzüglichen Naturhafen über die Hälfte aller Landesimporte ab und ist gleichzeitig das wichtigste Tor vom und zum Kontinent – mit seinen eleganten Fährschiffen (im Bild „Prinsesse Ragnhild") insulares Lebensgefühl suggerierend.

TRADITIONSLOS AUS TRADITION

Von Iver Tore Svenning

Wenn Oslo durch etwas besonders ausgezeichnet ist, jedenfalls im Äußerlichen, so ist es seine souveräne Mißachtung der eigenen Vergangenheit. Ihr hat man häufig genug einfach den Rücken gekehrt und gesagt: „Zum Teufel damit!" Vielleicht nicht immer ohne Grund.

Auch wenn solche Haltung ihre Gründe haben mag oder oft nur schlicht zu bedauern ist – man möchte sie jedenfalls gerne als Zeichen der Gesundheit werten. Ich selbst will immer das Beste glauben – auch von Oslo. Schließlich bin ich ja dort zu Hause. Und schließlich ist Oslo auch kein übles Zuhause. Dagegen kann es geschehen, daß die Einwohner ihre Stadt nicht immer richtig zu schätzen wissen und einen derartigen Mangel an Dankbarkeit zeigen, daß man sie nur mit verwöhnten Kindern vergleichen darf. Daher wissen sie auch nicht immer, wie sie Oslo pflegen sollen. Die Stadt und ihre Einwohner können einander gelegentlich recht fernstehen.

Der norwegische Lokalpatriotismus wird von uns Norwegern häufig ins Rampenlicht gezerrt, am liebsten in skurrilem oder satirischem Zusammenhang. Es ist nicht sicher, daß er sich vom Lokalpatriotismus in anderen Ländern so sehr unterscheidet, selbst wenn wir mit der Projizierung der großen Gefühle auf die kleinste Ebene unseren maliziösen Spaß treiben. Für sein Vaterland kann man sich töten lassen. Das gilt als heroisch. Weniger leicht ist es, auf der lokalen Ebene die gleiche Unbedingtheit zu beweisen. Auch ist es entschieden weniger pathetisch, von einem Dach herunter eine Schneelawine auf den Kopf zu bekommen oder von meterlangen Eiszapfenlanzen aufgespießt zu werden, *exit*... Trotzdem bleibt man hier wohnen. Man fühlt sich wohl – auch dann, wenn man lauthals auf die Stadt und ihr Klima schimpft. Denn die ganze Zeit über spürt man, wie der Puls dieser Stadt schlägt. Er kann es langsam tun oder schnell, aber er schlägt. Und die Stadt selbst lebt und wächst.

Was den echten Osloburger ausmacht, ist dennoch nicht – wie viele meinen – ein Mangel an Lokalpatriotismus oder seine Verkehrung ins Negative, sondern vielmehr seine Eigenart, die sich durch Understatement und Paradoxie auszeichnet. Ausdruck findet das sowohl in der Schlagfertigkeit als auch im Herummaulen. Der Osloer versichert gerne jedem, der ihm zuhören mag, daß Oslo eine graue, stimmungslose Stadt ist, eine richtige Hauptstadt der Langeweile. Er kann ohne weiteres behaupten, daß Oslo eigentlich eine gemütliche Kleinstadt war, die plötzlich Ansprüche erhob und Wachstumshormone erhielt und viel zu rasch zu einer verwachsenen, planlosen, unordentlichen Metropole ohne Atmosphäre wurde, in der alles geschehen kann und deshalb nichts geschieht. Er behauptet, wenn man Oslo die Stadt mit dem großen Herzen nenne, so müsse man das als Werbeslogan der städtischen Steuereintreiber nehmen, die gutgläubige Zuwanderer direkt zur Stadtkasse locken möchten.

Dadurch sollte man sich nicht zum Narren halten lassen. Hinter dieser so augenscheinlichen Selbstkritik liegt ein urbanes Selbstverständnis, das u. a. in der Errichtung des kompaktesten und möglicherweise häßlichsten Rathauses von ganz Europa Ausdruck gefunden hat. Völkerpsychologisch gesehen könnte es interessant sein, zu ermitteln, ob ein Zusammenhang besteht zwischen der so langhin höchst schlichten Vergangenheit der Stadt und ihrer heutigen Gigantomanie, wie sie sich in einer Reihe von Bauten zeigt, die in den letzten Jahren die ältere Bebauung abgelöst haben. Man kann über den Mangel an Kühnheit und Eleganz philosophieren, wie er sich, im Gegensatz zur finnischen Hauptstadt etwa, darbietet. Und doch: Die

Takelage des Segelschulschiffes „Christian Radich", dahinter die Türme des Rathauses – beides in ihrer Art Wahrzeichen der Stadt. Das eine steht für die Bedeutung der norwegischen Handelsflotte, die mit nahezu 22 Millionen Bruttoregistertonnen den fünften Platz in der Welt einnimmt; das andere für Oslos Selbstbewußtsein: Allein die Wandgemälde im Rathaus bedecken 1500 Quadratmeter

bauliche Einförmigkeit hat ohne Zweifel einen nationalen Akzent. Auf ihre Weise spiegelt sie eine Unerschütterlichkeit, einen Sinn für das Konkrete und Solide, dem man auch auf anderen Gebieten begegnet. Diese Welt der Einförmigkeit und Regelmäßigkeit hat auch ihre sozialpolitischen Aspekte.

In Norwegen herrscht das „Janteloven", ein Gesetz, das der Dichter Aksel Sandemose formuliert hat (er war eigentlich Däne und kannte deshalb seine Norweger besonders gut): Du darfst weder glauben, daß du etwas Besonderes darstellst, noch darfst du glauben, daß du mehr bist als ich. Nicht ohne Grund hat man behauptet, daß Norwegen eines der wenigen Länder ist, wo der Neid immer noch stärker ist als der Geschlechtstrieb. Inwieweit das seine besondere Gültigkeit für norwegische Architekten hat, bleibt besser unbeantwortet.

Wenn man die Stadtgeschichte sachlich und statistisch betrachtet, findet man, daß sie von Tradition und Traditionslosigkeit geprägt wird. Oslo ist heute auf vielerlei Weise eine *madame sans gêne*, die vor einem höchst bescheidenen Hintergrund in ungeheuer kurzer Zeit zu Größe und Wohlstand aufgestiegen ist. Seit nicht mehr als einem kurzen Jahrhundert erst ist Oslo die größte Stadt des Landes. Geradeheraus gesagt: Oslo ist ein Emporkömmling unter den Städten. Es ist auch mit dem gesunden Appetit aufs Leben ausgestattet, der den Parvenü auszeichnet, mit seinem Willen zum Wachstum und seiner Verachtung für feinere Empfindungen. Seine Einwohner wollen sich in ihrer Mehrheit weder zu seiner spießbürgerlichen Vergangenheit noch zu seinem Ursprung unter den Königen der Wikingerzeit bekennen. Zwar fristet der Gründer der Stadt, Harald Hårdråde, ein entdeckbares Dasein an der Rathauswand – doch sein eigentliches

Denkmal steht irgendwo in Alt-Oslo, wo man erst darüber stolpern muß, um es zu bemerken.

Nein, für das, was einmal war, haben nicht allzu viele einen Sinn. Daher ist es den städtischen Behörden mit Leichtigkeit gelungen, die meisten baulichen Erinnerungen an die alten, nicht allzu guten Zeiten zu beseitigen. Daß man das wirklich geschafft hat, hängt natürlich mit einem wichtigen soziologischen Faktor zusammen: Oslo ist in unserem Jahrhundert derart gewachsen, daß seine Einwohner hauptsächlich aus Zuzüglern bestehen, mindestens in der zweiten oder dritten Generation. In dieser Hinsicht ist Oslo der große Schmelztiegel der Nation.

Und doch: Einiges ist noch erhalten aus den ersten Tagen Oslos und Christianias. Am oberen Ende der Rathausstraße, ganz nahe bei Håkon V. Magnussons Idee eines befestigten Schlosses, bei *Akershus*, liegt der alte Marktplatz Christianias. Ist man geneigt, am hellichten Tag Autos und Busse zu übersehen, so kann man hier jeden Augenblick erwarten, daß die Majestät selbst, Christian IV., in ihrer ganzen, unglaublichen Korpulenz auftaucht. Er war es, der 1624 die Stadt Oslo nach dem Großbrand unter die Mauern von Akershus verlegte und ihr „in königlicher Huld" seinen Namen gab, Christiania. Diesen Namen trug die Stadt volle dreihundert Jahre lang, ohne daß es ihr geschadet hätte. Nebenbei bemerkt, man diskutiert immer noch darüber, woher der Name Oslo stammt: Daß er von „Lo-elvens os" („Mündung des Lo-Flusses") kommt, ist immer zweifelhafter geworden; man nimmt eher an, daß der Name aus dem Altnorwegischen abgeleitet ist: *áss ló* = Gottesfeld. Der Gott, um den es sich dabei handelt, war vermutlich der hammerwerfende Thor.

Die Stadt Christians IV. erstreckte sich hinunter bis zum heutigen Bahnhofsplatz (am Ostbahnhof); die Grenze am anderen Ende bildeten der Große Markt, *Stortorvet*, und der Egermarkt an der jetzigen Karl-Johan-Straße. Die meisten Bauten dieser Zeit sind verschwunden, der rechtwinklige Grundplan blieb erhalten. Die Bauten um den *Christiania Torv* mit dem alten Rathaus der Stadt im Mittelpunkt, dem alten Waisenhaus usw. stehen heute Gott sei Dank unter Denkmalschutz. Weiter drunten in der Rathausstraße liegt das Restaurant Statthalterhof, *Stattholdergården;* in diesem Haus wohnte der Seeheld Peter Wessel Tordenskjold, wenn er sich einmal zwischen den Schlachten Ruhe gönnte. Zwei Minuten weiter finden wir das größte Kaufhaus der Stadt und wieder zwei Minuten weiter den *Storting* – den Reichstag –, dessen Fassade die Parkanlage *Studenterlunden* schmückt, den grünen Gürtel zwischen den beiden Hauptstraßen der Stadt, der Karl Johan und der Stortingsgate; an seinem anderen Ende prangt als sinnvoller Gegenpol das Nationaltheater. Ihm benachbart jenseits der Karl Johan die Universität, deren Aula von Edvard Munch ausgemalt wurde.

Das diesem größten norwegischen Maler gewidmete Museum im Kleineleutestadtteil *Töyen*, dem Milieu seiner Kindheit, mag daran erinnern, daß der Akerfluß, der das eigentliche Oslo in zwei Teile zerlegt, bis in unsere Tage die soziale Grenze der Stadt bildete. „Vom falschen Ufer" zu stammen, konnte früher auf vielerlei Weise schicksalsschwer sein. Heute, bei Oslos ständiger Wohnungsnot, ist man glücklich, überhaupt eine Bleibe gefunden zu haben. Doch gibt es immer noch Reste der alten Stadtteildialekte, auch wenn die Konfektionsindustrie viele der alten Klassengegensätze ausgelöscht hat.

Oslos Bevölkerungszuwachs läßt sich hauptsächlich in den neuen Satellitenstädten nieder, die die eigentliche Stadt umkreisen wie Planeten die Sonne. Das Zentrum der Stadt bilden die Geschäftsviertel und die nicht allzu überzeugenden „Nachtlokale", von puritanischen Schankbestimmungen geprägt und nur selten aufgelockert durch vereinzelte, meist sommerliche Frivolitäten wie einen kontinentaleuropäischen Striptease, während Frau und Kinder in der „Hütte", dem Ferienhäuschen, auf dem Lande sind. Hinter dem Schloß, das die Karl-Johan-Straße abschließt, in den stillen Stadtvierteln des Westens finden wir die solid bürgerliche Atmosphäre jener Geschlechter, die ins Grab sanken, als die Schüsse von Sarajevo fielen. Und im Osten, in *Kampen, Vålerengen, Rödelökken* und *Töyen*, liegen die Wohnungen der Arbeiter und Handwerker, wie sie vor zwei oder drei Generationen errichtet wurden. Hier ist eine Sanierung geboten – und eingeleitet. In der *Vika* hat sie schon stattgefunden – dem Viertel vom Rathaus bis hinüber zur Akers-Werft, in dem u. a. der junge Ibsen wohnte und das bis in unser Jahrhundert hinein etwas außerhalb der Moral lag. Im „Vaterland" – genauso berüchtigt wie die Vika und mit einem Namen, der auf das niederdeutsche „Waterland" zurückgeht – hat man auch zu sanieren angefangen. Die Bagger nähern sich *Gamlebyen*, der „Altstadt", wo man unter Pflastersteinen und Mietskasernen Ruinen des alten Oslo findet. Die Grundmauern des Hallvardsdomes – einst der Dom der Stadt beim Königshof – sind im Ruinenpark bewahrt. Die Kirche wurde 1667–89 abgerissen, um als billige Steinpackung für die Wälle von Akershus zu dienen.

Die Ausgrabungen in Gamlebyen – und hier nicht zuletzt im Bereich der Eisenbahn – haben interessante archäologische Entdeckungen erbracht. Das alte Oslo ist eine Stadt, über die wir Jahr für Jahr mehr erfahren. Nur wenige wissen etwa, daß Jakob I., der Sohn Maria Stuarts, 1589 im alten Osloer Königshof mit Christians IV. Schwester Anna den Hochzeitstanz tanzte – und daß die frisch restaurierte Kapelle des Bischofs Nikolaus im ehemaligen Osloer Bischofssitz auf die große Zeit Norwegens im Hochmittelalter zurückgeht.

Das Rauschen der Geschichte vernimmt man nur schwach in dieser Stadt, in der die Traditionslosigkeit zur Tradition wurde. Zum Ausgleich rauscht es ab und zu recht kräftig in den immer noch tiefen Wäldern, die Oslo umgeben und in denen nach der Erweiterung der Stadt im Jahre 1948 auch ihr geographischer Mittelpunkt liegt. Das Stadtgebiet umfaßt heute rund 450 qkm und macht damit Oslo der Fläche nach zu einer der größten Städte der Welt. Beinahe 300 qkm sind aber Wald und Ackerfläche. Die Kühe weiden also immer noch innerhalb der Stadtgrenzen, genauso wie im Jahre 1800, als die Stadt nur 8000 Einwohner und noch keine Universität besaß.

Heute ist die Halbmillionengrenze überschritten. Schon längst hat Oslo Bergen als größtes Handels- und Schifffahrtszentrum überholt; ein brauchbarer Konzertsaal fehlt freilich immer noch. Pläne für einen neuen Großflugplatz liegen vor und für Stadtautobahnen, die die Stadt in neue Segmente zerlegen sollen. Oslo ist also weiterhin eine Stadt im Wachstum, den Gesetzen des Wandels unterworfen – der Zukunft zugewandt und nur selten einen Blick zurückwerfend.

Vielleicht beeindruckt einen dieses Sich-selbst-Vorauseilen – und der Ernst, mit dem man es verkündet – am stärksten beim Wandern durch die Stadt, in der ein gut Teil des Verkehrs sich noch auf Straßenbreiten aus dem Zeitalter der Pferdebahnen bewegt. Daher ist Oslo eine Stadt voll pulsierenden Lebens, in der man sich wohl fühlt, weil sie auf Gedeih und Verderb urban geworden ist. □

Ein Dorado für Bildhauer: Hier liebt man das Plastische. Rings ums Rathaus stehen Skulpturen, einbezogen ins Spiel der Kinder

Sonne, Jugend, Lebensfreude: Oslos Studenten warten auf ihre Immatrikulation Foto: Fritz Reese

Zwischen 1308 und 1716 wurde die Festung Akershus neunmal belagert und nie eingenommen. König Christian IV. verwandelte sie in ein Renaissanceschloß

Mißversteh mich richtig!

Von Max Tau

Als Knut Hamsun in Christiania, dem heutigen Oslo, umherging und hungerte, schrieb er: „Diese seltsame Stadt, die keiner verläßt, ehe er von ihr gezeichnet worden ist."

Auch ich wurde von ihr gezeichnet, aber auf eine andere Weise. Eines Abends, bald nach meiner Ankunft in Oslo, gab der Verleger William Nygaard, der Inhaber des Aschehoug-Verlages, Herausgeber vieler deutscher Dichter, ein Fest für mich in seinem Heim, das mit Sagenbildern von Eilif Petersen geschmückt war. Er hielt eine ergreifende Rede und gab seiner Freude Ausdruck, daß ich gerettet war. Zum Schluß sagte er: „Außerdem hat uns Max Tau auch ein Buch empfohlen. Es ist das schlechteste Buch, das je in unserem Verlag erschienen ist." Am nächsten Morgen, ich konnte die Stunde kaum erwarten, suchte ich einen Bekannten auf, der seit langem in diesem Verlag arbeitete.

Beklommen erzählte ich ihm, was vorgefallen war. Er schaute mich ein wenig erstaunt an und lächelte. Ich begriff ihn erst, als er sagte: „Sollte er vielleicht gesagt haben, daß es das beste Buch ist?"

Daß gute Dinge oft in der Verneinung gesagt werden, würde ich also auch noch lernen müssen. Aber dann prägte ich mir ein geflügeltes Wort ein, von dem auch andere profitieren mögen, die mit Norwegern zu tun bekommen: „Mißversteh mich richtig!"

An jenem Abend traf ich bedeutende Wissenschaftler, Schauspieler, Dichter und bildende Künstler. Und denen sollte ich am nächsten Tag im Laufe weniger Minuten auf der Hauptstraße, der berühmten Karl Johan, allen wiederbegegnen.

Das war für mich ein ungewöhnliches Ereignis. Und alle sagten: „Takk for sist!" — Dank für das letztemal, und der eine fügte hinzu: „Sie müssen sich merken, wenn wir uns in zwei Jahren erst wiedergesehen hätten, dann müßten Sie auch sagen: Takk for sist! Wir haben nämlich hier viel Zeit, und es ist immer besser, eine lange Pause vor dem Wiedersehen einzulegen, als sich richtig kennenzulernen."

Die meisten begleiteten mich weiter, und in unseren Gesprächen klang der Abend nach, so daß er zu einem unverlierbaren Geschenk wurde.

Meine Freunde in Amerika hatten mir geschrieben, sie könnten sich nicht vorstellen, daß ich, nachdem ich Berlin erlebt hatte, Freude daran haben würde, auf der Karl Johan zu promenieren und der Musik aus dem Pavillon zuzuhören. Aber schon jetzt schien es mir, daß die Bekannten von gestern meine Freunde werden könnten.

Eines Tages nun hatte mein Freund Eilif Moe, der Höyesterettsadvokat der Schriftstellervereinigung, bei mir seine Brille vergessen. Ich packte sie, so gut ich konnte, ein, um sie nach Lillehammer, wo er wohnte, zu schicken. Als ich zur Post kam, guckte mich die Beamtin mitleidig an und sagte: „Nein, so geht es nicht, aber darf ich Ihnen helfen und sie richtig einpacken?" Als sie zurückkam und mir das Päckchen zeigte, wollte ich ihr danken, aber sie sagte: „Es war mir doch nur eine Freude, Ihnen behilflich sein zu können."

In Norwegen legen die Menschen wenig Wert auf Titel. Sie wollen mit ihrem Namen, den sie durch ihr Leben und ihre Arbeit ausgewiesen haben, genannt werden, selbst die Anrede Herr ist ihnen schon zuviel.

Die bedeutenden Dichter leben tief verwurzelt in ihrer Heimat. Wenn Johan Falkberget, der schon als Knabe in den Gruben gearbeitet hatte, nach Oslo kam, begrüßte er mich mit dem mir aus Oberschlesien vertrauten Bergmannsgruß „Glück auf!". Er war sehr stolz, daß seine Vorfahren deutsche Bergleute gewesen waren. Kamen Olav Duun, der bedeutende Epiker aus Holmestrand, oder der Dichter und Philosoph Inge Krokann von Dovre und der visionär vorausschauende Tarjei Vesaas aus Telemark nach Oslo, dann wurden die Gespräche mit diesen einzigartigen Menschen zu Hoch-Zeiten des Lebens. Sie trösteten über alle Verzweiflung der Zeit hinweg und wurden zu einer Kraftquelle, die mir den Glauben stärkte, daß die europäische Kultur unzerstörbar ist.

Als in Oslo bekannt wurde, daß ich den Sonning-Preis der Kopenhagener Universität bekommen sollte, hielt eines Tages, als ich aus dem Verlag kam, ganz plötzlich eine Taxe vor mir.

Sie war besetzt, sah ich sofort, und der Fahrer sprang heraus, doch nicht des Fahrgastes wegen, sondern um sich an mich zu wenden: „Sie werden sich nicht erinnern, aber vor zwei Jahren, als Sie krank waren, habe ich Sie zu Ihrem Arzt nach Kirkeveien gefahren. Verstehen Sie, wie froh ich bin, Sie heute so gesund zu sehen? Von Herzen möchte ich Ihnen gratulieren."

Die einfachen Menschen in Oslo beweisen mir jeden Tag die Ausstrahlung des Menschlichen. Die Freundschaft mit ihnen macht mich froh.

So konnte Oslo mir zur Heimat werden, weil das Menschliche dort bewahrt wird, sich immer wieder entfaltet.

Die Karl Johan, jene Hauptstraße, die vom Ostbahnhof geradewegs auf das königliche Schloß zuführt, ist in ihrem westlichen Teil, vom Storting an, Oslos gute Stube (rechts). Die Fama ihres liebenswürdigen Charmes reicht weit über Skandinavien hinaus. Wer könnte besser von ihr erzählen als der Altmeister der lebenden norwegischen Schriftstellergeneration.

Johan Borgen

Es war einmal … eine Karl Johan

Tripp-trapp, tripp-trapp — das unverkennbare Geräusch von Absätzen, hohen, niedrigen, mittelhohen. Absätzen, Füßen, die trippeln, trapsen, schreiten, gehen, spazieren, flanieren, gehen, gehen.

Das Geräusch der Karl Johan, des der Kleinstadt nachgeahmten Großstadtlärms, ein Tripp-Trapp, an das ich mich seit meiner Kindheit erinnere: Damals war hier Holzpflaster, auf der Karl Johan, der Hauptstraße in Norwegens Oslo. Damals — das Tripp-Trapp von Pferdehufen auf den ziegelsteinförmigen Quadern aus importierter Buche — ein Geräusch voller Wollust für das Ohr, für die Herzen, die Herzen, die aus lauter Suggestion im Gleichklang zu schlagen begannen: tripp-trapp, tripp-trapp … Studenten und Kadetten und sehr junge Frauen sehr bürgerlicher Herkunft würden es wohl am liebsten Liebe nennen, und warum nicht? So näherten sich die Menschen einander, Menschen aus dem entferntesten Süden und dem entferntesten Norden dieses Landes, das wie eine Hammelkeule aussieht, wenn man es auf der Karte betrachtet. Das waren die Ungleichartigen, die nicht im Takt mitlaufen wollten, sondern auf Kon-Takt hofften. Damals trugen die Damen Sonnenschirme, die Herren Zylinder, damals kannte man sich, damals bemerkte man den Schnitt der neuen Knöpfstiefel des Nachbarn.

Es war einmal. So fangen alle norwegischen Märchen an. So beginnt auch dieses. Einmal eine Karl Johan, benannt nach einem Schwedenkönig, der nur teilweise populär war, weil er Schwede war und dazu in Opposition zu seinem blutigen Arbeitgeber stand, dem Korsen, der Europa terrorisierte und für den Europa deshalb schwärmte. Damals hingen in vielen norwegischen Häusern Bilder Napoleon Bonapartes (wie später die Kaiser Wilhelms mit dem aufgezwirbelten Schnurrbart). Noch ein

bißchen mehr von damals? Die Hurenbezirke – Algier und Tunis genannt – lagen gleich daneben. (Wie jetzt übrigens auch der „berüchtigte" Rathausbezirk.)
Die Extreme berühren einander immer noch. Vielleicht ist doch nicht alles so anders geworden, wie die Jungen gerne glauben möchten.
Ich soll von einer Straße erzählen, einem sogenannten „Strök". Jede Kleinstadt hierzulande hat einen solchen „Strök", eine Promenade, auf der die Honoratioren einander begegnen und sich feierlich grüßen. Wenn die Stadt dann wächst, bewahrt die Promenade etwas von dem Kleinstadtcharakter.
Zwar grüßt man sich heutzutage bei weitem nicht mehr so feierlich, und auch das Tripp-Trapp der Absätze kann man nicht mehr hören, weil es von Motorgeräuschen und anderem Lärm völlig übertönt wird. Manche der Häuser sind im Lauf der Jahre auch höher geworden. Doch gelang es nie, den Häusern an der Karl Johan auch nur eine einigermaßen gleiche Dachhöhe zu geben. Ganz im Gegenteil: Von Süden – die Straße verläuft beinahe genau in Ost-West-Richtung – sehen die Dächer aus wie eine Riesensäge, als ob die Architektur der Straße in wilder Uneinigkeit erstarrt sei. In den Gründerjahren kurz vor der Jahrhundertwende wurde für den Bau eines einzigen Hauses (Nr. 33) eine große und teure Gruppe von Steinmetzen aus Deutschland geholt. Nicht gerade das Billigste. Doch damals galt es, einander zu übertreffen, wenn schon nicht an schöner Architektur, so doch an teurem Prunk.
Es gab aber auch Perlen, es gab Menschen mit einem Sinn fürs Ganze. Ein solcher war der von deutschen Vorfahren abstammende Architekt Christian Henrik Grosch, der Schöpfer des sogenannten Karl-Johan-Bogens. Dieser Bogen umfaßt die wirklich großzügig angelegte Senke zwischen dem königlichen Schloß im Westen und dem Egertorv im Osten. Grosch hat der Karl Johan mit seiner Universität bis zum heutigen Tag einen klassischen, aristokratischen Mittelpunkt gegeben. Er hat übrigens einige der schönsten Bauwerke der Stadt geschaffen wie die Börse, das Reichsarchiv (ursprünglich Norges Bank), das Observatorium und die alte Hauptfeuerwehr dicht bei der Domkirche.
Und doch ist es der „Bogen", der der Karl Johan das Gesicht verleiht, das die meisten Osloer so lieben. Hier liegen zwei vornehme Buchhandlungen, wo man sich immer noch zu Literaturgesprächen trifft. Gleich um die Ecke in der Universitätsstraße weitere Buchhandlungen – alle in natürlicher Nachbarschaft zur Universität. Hier liegt auch Blom, das Künstlerrestaurant, ursprünglich ein Pferdestall, dann eine Bodega und schließlich umgebaut zu einem Restaurant, an dem auch die Künstler etwas verdienten. Die Künstler selbst – sie sind wohl heute eine Minderheit unter den Gästen. Sie waren dort eher zu Hause, als es noch Stall war. Während der Reisezeit ist kaum ein norwegisches Wort zu hören. In den Reiseprospekten freilich liest man, daß sich hier immer noch die Künstler treffen. Aber auch die Studenten drängen sich ja nicht mehr auf der Karl Johan wie früher; die meisten von ihnen sind ja jetzt in einem riesigen Wohnheim weit entfernt vom Lärm der Stadt untergebracht.
Und doch ist noch manches wie früher. Die gute, alte Brigademusik marschiert immer noch mit klingendem Spiel die Karl Johan hinauf und gibt im Pavillon zwischen Universität und Nationaltheater ihr Konzert. Das Nationaltheater des Landes haust immer noch unmittelbar neben der Karl Johan, in seinem todlangweiligen Theatergebäude, das um so ehrenvollere Traditionen birgt.
Woher stammen die Gemütlichkeit und die gewisse Eleganz dieser Straßenpartie? Dazu trägt vor allem bei, daß die ganze Südseite der Straße, vom Nationaltheater bis zum Storting, nicht bebaut ist, ein Park mit alten Linden und einer zusammenhängenden Reihe von bequemen Bänken, die bei einigermaßen warmem und trockenem Wetter immer dicht besetzt sind. Dadurch entsteht ein ins Auge fallender Kontrast: Auf der einen Seite der Straße Geschäfte, Tempo, eilende Menschen im Stil der Zeit; auf der anderen Seite die Flanierenden, die Sitzenden, die Ruhenden. Hier ist das Tempo entsprechend langsam. Hier herrscht die Vergangenheit.
Auf beiden Seiten verkehren Menschen aus diesem ganzen ungelenken Land. Wenn man sie befragte, würde es sich sicher zeigen, daß nur etwa jeder fünfte, sechste ein geborener Osloer ist. Man spürt den Sog der Hauptstadt. Die Landflucht hat in Norwegen, wie überall auf der Welt, deutlich zugenommen. Die Alten aus der Zeit, als die Stadt Christiania hieß, sind längst tot. Die heutigen Einwohner gehen nur in die Karl Johan, um einzukaufen. Dafür hört man alle Dialekte des Landes.
Diese neuen Hauptstädter, die sich auf der Karl Johan treffen – fühlen sie sich dort zu Hause? In der Hauptstadt selbst jedenfalls sehr oft nicht. Die Leserbriefe der Zeitungen verraten, wie unheimlich und fremd den Zuzüglern aus dem ganzen Land Oslo erscheint.
Gerade deshalb suchen sie Zuflucht auf der Karl Johan. Die Straße und ihre nächste Umgebung sind in vieler Hinsicht zum Treffpunkt der Zuzügler, zu ihrem Versammlungsort geworden. Das Gepränge von kleinstädtischer Gemütlichkeit, das die Straße mit ihrem Holzpflaster in früherer Zeit hatte – das ist dahin, *gone with the wind*. Aber die neuen, die fremden Bürger, die setzen alles daran, auf ihre Weise die gemütliche Melodie des ehemaligen Kleinstadtidylls wiederzufinden.
Gelingt es ihnen? Schwierig zu sagen für den, dem im Lauf der Jahre die Stadt und die Karl Johan fremd geworden sind. Es sieht nicht ganz so aus, als fänden sie ihre Gemütlichkeit. Doch hat sich ja schon der Begriff „Gemütlichkeit" vollkommen gewandelt. Der Tag wird heute geprägt von Geschäften, der Abend vom Strom zu den Kinos, von denen nur drei an der Karl Johan liegen. Tempo, Lärm und Hetze haben dem „Bogen" ihren Stempel aufgedrückt, der damals kleinstädtisch selbstzufrieden in sich selbst ruhte. Ein alter Mensch könnte wohl versucht sein, durch den Lärm zu rufen: Nicht so hurtig und geschwind!
Man würde ihn nicht hören, sondern wahrscheinlich festnehmen. Doch in seinem Inneren würde er vielleicht einen merkwürdigen Laut aus verflossenen Tagen vernehmen. Tripp-trapp, tripp-trapp ...

Allein in einer großen Stadt? Oslo, Schmelztiegel des Landes, ist manchen seiner Jungbürger nicht ganz geheuer. Aber unter der Vaterfigur des Dichters Christian Krohg an der Karl Johan fühlen sie sich zu Hause

Rolf Horn

Ein Jahresring im Leben des Ola Nordmann

Daß Norweger auf Skiern geboren werden, stimmt nicht. Doch ist der Winter hier noch eine Jahreszeit, zu der man sich frohen Herzens bekennt. Seine Sportereignisse (im Bild Start zum Holmenkollen-Rennen) gehen alle an — man beachte die Zuschauermassen. Und dem kernigen Winter folgen ja rauschhaft verkürzt Frühling und Sommer.

Nun ist er also da, der erste Schnee. Meist geschieht es an einem Novembertag, daß Ola Nordmann, aus seinem Bürofenster schauend, diese alljährlich wiederkehrende Feststellung trifft. Schon im August hat er auf der Wetterkarte des Fernsehens hier und da eins jener vielsagenden Schneeflockensymbole entdeckt, doch in Oslo war bisher nur die Auslage von Wintersportkleidung in den Geschäften der Karl Johan oder der Stortingsgate ein Hinweis, daß der Winter nicht allzu fern ist. Jetzt aber fallen die ersten richtigen Flocken; bleiben sie liegen, so werden sie das eintönige Nebelgrau der Innenstadt aufhellen und den Tageslauf der Osloer verändern. Oben auf den Höhenzügen, die das Hufeisen des Fjordendes bilden, liegt bald eine ziemlich feste Schneedecke, und ganz Oslo — es gibt da nur wenige Ausnahmen — hat schon jene bemerkenswert schmalen Langlaufskier bereit. In den Schlund der Holmenkollenbahn am Nationaltheater rinnt von nun an ein ständig anwachsender Strom wolljacken- oder anorakbekleideter Menschen, die Skier geschultert, welche dann in Halterungen außen an den hölzernen Waggons abgestellt werden, womit diese sich in eine Art fahrbarer Lattenverschlag verwandeln.

Gemächlich geht es in vielen Windungen und Kurven bergauf, und auch der eingeborene Osloer genießt immer wieder diesen einmaligen Blick über Stadt und Fjord. Oben, hinter der knapp 500 m hohen Endstation Frognerseteren, liegt eins der vielen Skiterrains mit zahlreichen Loipen in jeder beliebigen Länge. Da die Tage schon kurz geworden sind, hat eine löbliche Stadtverwaltung manche dieser Loipen mit Beleuchtung versehen, damit auch die arbeitende Menschheit dem hier als lebensnotwendig empfundenen Skisport nach Dienstschluß nachgehen kann. Sonnabends aber und sonntags ist alles „på fjellet", in

den Bergen, oder besser noch weiter fort, vielleicht am Norefjell oder draußen in Telemark. Was noch nicht selbst laufen kann, wird in Spezialgestellen auf dem Rücken erwachsener Familienmitglieder getragen oder in einem „pulk" genannten Kunststofftrog hinterhergezogen.

Aber so ein Schneewinter bringt nicht nur eitel Freude, sondern auch — das Schneeschippen. Da sehr viele Osloer in Einfamilienhäusern leben — Platz für einen solchen Wohnstil gibt es in Oslo, einer der flächenmäßig größten Städte der Welt, genug —, ist dieser Zwangssport sehr verbreitet. Was kann, denke ich immer, aus einem Arbeitstag schon werden, der mit dem Freischaufeln der Garageneinfahrt im Morgendunkel beginnt?

Die Hauptverkehrswege sind dann zwar meist schon geräumt, aber viele Nebenstraßen bleiben sich selbst überlassen und bilden unerfreuliche Geleise. Versuchen Sie mal, Ihr Auto aus so einer tief eingefahrenen Furche herauszubekommen, um nicht mit einem entgegenkommenden zu kollidieren! Das ist gar nicht so komisch. Und dann gibt es diese jähen Lawinenstürze von den Dächern ...

Weihnachten kündigt sich an, hier nicht viel anders als anderswo, mit hektischem Kommerz in den Geschäftsvierteln, mit mehr oder weniger geschmackvollen Straßendekorationen, die den Konsumzwang festfreudig verbrämen. Am Heiligabend steht dann bei den Nordmanns der mit Ketten von kleinen norwegischen Flaggen behängte Christbaum mitten in der „stue", dem großen Wohnraum, und nach alter Sitte tanzt jung und alt um ihn herum. Im Garten oder auf dem Balkon ist der „julenek", eine Garbe Hafer, für die Vögel aufgehängt.

Nach Silvester (Familienfest, kleine Hausbälle, Feuerwerk, Schiffssirenen und Kirchenglocken, dazu Raketen von Holmenkollen und Ekeberg) werden die Tage zwar langsam wieder länger, aber es wird kälter. Die Statistik behauptet zwar, im Januar und Februar seien es im Durchschnitt nur 4—5 Kältegrade, aber mitunter können es auch —25° werden, vorübergehend allerdings. Die Zeitungen sind jetzt voll von Berichten aus den Wintersportzentren Skandinaviens und des Kontinents, wo immer Norweger sich an Wettbewerben beteiligen. Langsam stellt man sich auf einen winterlichen Höhepunkt ein: das Holmenkollen-Rennen. In der zweiten Märzwoche strömt dann alles auf dem Holmenkollen zusammen; an den großen Schlußtagen werden bis zu 100 000 Zuschauer gezählt. Auch der König richtet sich für diese Woche oben in seiner Villa „Kongeseter" ein.

Daneben gibt es dann vor allem die internationalen Wettkämpfe im Eisschnellauf. Da hetzen zwei spinnenarmige und -beinige Leute mehrfach um das Oval des Bislett-Stadions; einer kommt natürlich zuerst an — und braucht damit durchaus nicht gewonnen zu haben. Die Eingeweihten murmeln magische Zahlen und wackeln vielsagend mit den Köpfen, hier bereits ein beachtlicher Ausdruck sportlicher Begeisterung. Hört man dann später, daß ein Niederländer Erster wurde, ist das nicht weiter schlimm, denn die holländischen Eisläufer sind ja oft halbe Norweger, sprechen auch norwegisch. Gelegentlich macht man sogar einen von ihnen zum Ehrenbürger.

Ja, was macht Ola Nordmann sonst noch in den Wintermonaten? Er sieht fern, auf dem einzigen verfügbaren Kanal, sofern er keine teure Spezialantenne hat und bei den Schweden mitschauen kann. Einladungen zum Freitagabend werden oft nur zögernd angenommen, weil man dann den Krimi versäumen würde, der hier „Detek-time" heißt. Einmal geht man vielleicht auch ins Theater, ins Nationaltheater etwa, das neben Albee und Beckett auch

Foto: Hedin/Anthony

die nordischen Klassiker — Holberg, Ibsen, Björnson und Strindberg — pflegt, oder aber schräg gegenüber ins Norske Teater, in dem alle Stücke in der zweiten Landessprache, dem „nynorsk", gespielt werden. Es gibt auch eine Oper und natürlich Kinos. Ein Nachtleben im kontinentalen Sinne findet jedoch nicht statt; Ola Nordmann ist kein Barlöwe — wenigstens nicht zu Hause in Norwegen. Politische Dinge beschäftigen ihn sehr; aufmerksam liest er in den Zeitungen die Debatten im Storting nach, erwägt das Für und Wider einer EWG-Mitgliedschaft. Mehr noch aber können ihn Probleme der anderen bewegen: Totalitarismus und Kolonialismus, Imperialismus und Neofaschismus in aller Welt. Bei jeder tatsächlichen und bei mancher vermeintlichen Problematik engagiert er sich. Viel missionarischer Eifer ist dabei (nicht von ungefähr entsendet Norwegen im Verhältnis zur Bevölkerungszahl die meisten Missionare!) und viel echte Hilfsbereitschaft in Fällen der Not. Fritjof Nansens Erbe ist lebendig geblieben.

Allmählich läßt die Kälte nach. In der unteren Stadt bilden die tauenden Schneewälle an den Straßenkanten grauschwärzliche Tropfeisgebilde. Die Sonne scheint länger und stärker, und auf einmal bemerkt man einige wohlgestaltete junge Damen, die trotz der noch immer herrschenden Kühle sich aus den unförmigen Kokons der Winterkleidung entpuppt haben und, vielleicht sogar schon ein Eis lutschend, die Karl Johan entlangschlendern. Erstes untrügliches Frühlingszeichen.

Ostern ist ein Fest, das hier erstaunlich gründlich begangen wird. Bereits der Gründonnerstag ist amtlicher Feiertag; Ola Nordmann startet also schon am Mittwochmittag, um auf seine „hytte" zu fahren, das Ferienhaus am Fjord oder in den Bergen, das jeder Norweger besitzt oder zumindest gemietet hat. Der Reisende, der über Ostern in Oslo bleiben möchte, wird mit leichter Verwunderung am Sonntag vorher die Frage des Hotelportiers vernehmen, wann er wohl abzureisen gedenke, das Haus werde ja über Ostern geschlossen... An so einem Ostersonntag sind vormittags die Straßen der Innenstadt wie leergefegt. Man meint dann den Widerhall seiner eigenen Schritte zu hören.

Von den Strapazen des Osterfestes erholt sich der Osloer nur mühsam; man hat den Eindruck, als habe das amtliche und geschäftliche Leben eine behutsamere Gangart eingeschaltet. Nach 15 Uhr in einer Behörde oder einer Firma anzurufen, ist jetzt wenig sinnvoll, höchstens ein Notdienst würde antworten. Und warum sollte es auch anders sein? Man lebt behaglich, hat sein Auskommen, und auch sonst funktioniert alles zufriedenstellend. Wozu also diese penetrante Geschäftigkeit gewisser kontinentaler Völker, die offenbar nur leben, um zu arbeiten — bis zum frühen Herzinfarkt?

Der große Wendepunkt im jährlichen Rhythmus der Stadt ist der 17. Mai, der Tag der Verfassung von Eidsvoll. Nicht mit Truppenparaden oder sonstigen Demonstrationen vermeintlicher Macht wird dieser Tag gefeiert, sondern — schon seit gut 100 Jahren — als ein Fest der Jugend. Eine wahrhaft sympathische Art, einen Nationalfeiertag zu begehen. Drei Stunden lang ziehen Zehntausende von Schulkindern am Stadtschloß vor ihrem König vorbei, voran die Schulorchester in ihren operettenhaftfröhlichen Phantasieuniformen. Und die selbst für skandinavische Begriffe bemerkenswerte Flaggenfreudigkeit der Norweger feiert jetzt den Triumph des Jahres. Häuser, Fahrzeuge (einschließlich der Kinderwagen), Gartenzäune — alles, alles ist beflaggt und bewimpelt.

Ältere Herren, die, eine kleine Flagge in der Hand, würdevoll daherschreiten, fallen überhaupt nicht auf.

Am nächsten Tag setzt dann die erste Stadtflucht ein. Wer nicht auf den Sankt-Hans-Tag warten muß, wenn die Schulen schließen, wird jetzt auf die „hytte" fahren, um auch keinen Tag von dem leider so kurzen Sommer zu verlieren. Gleichzeitig aber schwärmen die Touristen heran und bestimmen von nun an das Stadtbild. Touristenbusse überall, Touristenbusse vor dem neuen Rathaus und vor der alten Festung Akershus, Touristenbusse vor dem ganz neuen Munch-Museum und vor der Vigeland-Anlage. Oben am Holmenkollen im Frognerseter-Restaurant gibt es keinen freien Platz mehr. Hinunter also zur Museumsinsel Bygdöy, zu den Wikingerschiffen, zu Nansens und Amundsens Expeditionsschiff „Fram", Heyerdahls „Kon-Tiki" und seiner „Ra II". Man sieht sie an sich recht gern, die Touristen, aber irgendwo lauert doch die Angst, sie könnten Norwegen zu so einer Art „Allerwelts-Ferienparadies" machen, und das muß verhindert werden!

Gegen Mitte August kommen die Osloer allmählich wieder in ihre Stadt zurück. Die Touristen sind auch noch da und erhalten jetzt Verstärkung durch Geschäftsreisende, die Stadt füllt sich bis an die Grenze ihrer Kapazität. Die wenigen Hotels sind auf Wochen ausgebucht. Trotzdem ist der Verkehr in den Straßen noch erträglich, denn der Norweger ist ein überzeugter Fußgänger, der gern seine 3 bis 4 km täglich zurücklegt und der in seiner Freizeit noch lange Wanderungen unternimmt, als Ausgleichssport sozusagen.

Das erhält gesund und kräftig, Ola Nordmann braucht erst mit 70 Jahren in den Ruhestand zu treten. Auf den Wanderpfaden rings um die Stadt, in Maridal oder hinter dem Grefsenkollen, überall trifft man diese rüstigen Pensionäre, genau wie ihre jüngeren Mitbürger im gestrickten Wollpullover, die bunte Pudelmütze auf dem Kopf, den Rucksack auf dem Rücken und die Kartentasche umgehängt. Einen Hängebauch hat keiner von ihnen angesetzt, und die Haltung ist tadellos. Vielleicht ist die gute Haltung der meisten Norweger auf den Rucksack zurückzuführen, der hier auch Einkaufs- oder Schultasche ersetzt. Erwachsene und Kinder, junge Mädchen und gesetzte ältere Damen, alle tragen sie den oft recht elegant aussehenden Rucksack aus blauem oder rotem Segeltuch oder sogar aus Hirschleder mit der gleichen Selbstverständlichkeit.

Noch einige Wochen, und die Osloer sind wieder ganz unter sich. Das Stadtbild wirkt weniger farbig, irgendwie sachlicher, ein klein bißchen melancholisch vielleicht, wie — ja, eben wie Oktober-Oslo.

Und eines Tages schaut dann Ola Nordmann wieder aus seinem Bürofenster und stellt, zwischen Freude und Resignation seltsam schwankend, fest: Nun ist er also da, der erste Schnee... ☐

Oslos Sommerparadiese reichen über den ganzen hundert Kilometer langen Oslofjord und alle seine Nebenbuchten und -fjorde bis hinunter zum Svinesund, an der Landesgrenze nach Schweden

Segeltörns im Oslofjord

Von Finn Jor

Vom Johannistag bis Mitte August sind Oslos Fjord-Enthusiasten „vom Wasser nicht wegzuprügeln". Das alte Wikingerblut fordert sein Recht. Vor ihren Steven liegt aber auch eines der abwechslungsreichsten Reviere, die ein Segler sich wünschen kann.

Badestädtchen Dröbak

Den Oslofjord kann man auf vielerlei Art und Weise erleben. Der Norwegenfahrer – falls er ein Frühaufsteher ist – gewahrt als erstes mitten im Meer, wenn er mit dem Schiff von Deutschland oder Dänemark kommt, auf einer kleinen Schäre, die bei Sturm von den Wogen überspült wird, den Leuchtturm von Faerder – 100 Kilometer vor Oslo. Noch sieht man kein Land. Aber bald beginnt die niedrige Küste über den Horizont zu steigen.
Ungefähr auf halbem Wege einwärts wird der Fjord kräftig eingeschnürt, und von da ab wird er immer enger und enger. Der Morgendunst hebt sich, vor uns liegt üppiger Wald, hier und da verstecken sich Gruppen weißer Häuser mit Fenstern aus kleinen Scheiben in Buchten und hinter Landzungen, wo der Wind nicht so hinbläst. Und unwillkürlich versteht man, was Björnstjerne Björnson meinte, als er die norwegische Nationalhymne schrieb: „Ja, wir lieben dieses Land, wie es heraufsteigt, vom Wetter zerschunden und zerfurcht, aus dem Wasser, mit seinen unzähligen Heimstätten..." Während der letzten halben Stunde, ehe das Schiff in Oslo anlegt, fährt es so dicht unter Land, daß man tatsächlich unruhig werden und sich fragen kann, ob es auf Grund läuft. Aber das tut es nicht, und wenn man nun einen guten Freund hat in Oslo, dann sollte man ihn gleich bitten, ob er einen in seinem Boot mitnimmt – hinaus auf den Oslofjord.
Den Fjord muß man nämlich von *unten* und *drinnen* erleben, also in einem kleinen Boot und von der Hauptstadt aus nach draußen. Wenn dieser Freund nun ein richtiger Freund ist, will heißen: auch des Fjordes, so besitzt er ein Segelboot oder einen Kutter mit einem Einzylindermotor. Auf alle Fälle kein Plastikgleitboot mit Außenbordmotor: Menschen, die es eilig haben, können den Charme des Oslofjordes nicht entdecken. Und darauf sind wir doch wohl aus?
Nun ja: Das ganze Sommerhalbjahr hindurch ziehen die Fjord-Enthusiasten am Freitag- oder Samstagnachmittag los und kommen am Sonntagabend zurück. Hat man ein Segelboot, so bestimmt der Wind das Ziel der Fahrt. Herrscht Windstille, dann fährt man Richtung Langåra – in einen ganz schmalen Sund an der Westseite des Fjordes, etwa fünfzehn Kilometer vom Zentrum. Das ist einer der ältesten und in jeder Hinsicht volkstümlichsten Sammelplätze am ganzen Fjord. Wenn die Boote auf beiden Seiten dicht an dicht liegen, bleibt in der Mitte nur noch eine schmale Passage frei für das altersschwache Linienboot, das im inneren Inselbereich umherfährt.

Das Gebiet steht unter Landschaftsschutz, so daß man dort keine Sommerhütten bauen darf. Dagegen darf man hier zelten – und das hat dazu geführt, daß nicht wenige Familien in jedem Frühling ein bewegliches, provisorisches Sommerhaus aufbauen, in dem sie von Juni bis Ende August bleiben. Und wenn das Feuer flackert und die Ziehharmonika durch die helle Sommernacht klingt, lernt man ganz neue Seiten des norwegischen Volkscharakters kennen.
Bläst der Wind dagegen einigermaßen, geht die Fahrt weiter hinaus, vor allem nach Dröbak, einem der ältesten Badeorte am Fjord. Das Boot wird im Bootshafen vertäut, der durch eine Mole geschützt ist, oder man wirft Anker in der Windfängerbucht – die ihren Namen auch nicht ohne Grund trägt. Dann klettert man hinauf, denn Dröbak liegt an einem ganz steilen Hang zum Wasser hinunter. Dafür belohnt einen oben eine prachtvolle Aussicht über den ganzen Fjord. So sieht man z. B. Oscarsborg ganz deutlich, da der Fjord gerade hier sehr schmal ist. Vielleicht kann man auch die alten Kanonen Moses und Aron ausmachen, die – zu aller Erstaunen – bewirkten, daß die „Blücher" hier am 9. April 1940 unterging. Ihr Wrack liegt übrigens immer noch auf nicht ganz 100 Meter Tiefe nicht weit von Dröbak. Dieser Badeort, der nach und nach beinahe eine Art Vorstadt von Oslo geworden ist, genießt – wie fast alle die kleinen Häusergruppen am Ostufer des Fjordes – die volle Nachmittags- und Abendsonne. Und wenn das Wasser glitzert und die Schiffe hinaus- und hereingleiten, dann kann man sich in Dröbak den Sommer über ungewöhnlich wohl fühlen. Hier gibt es noch eine Lotsenstation, und ab und zu steuert eines der großen Frachtschiffe dicht unter Land und grüßt ein kleines Haus südlich der Stadt. Es gehört dem Reeder Fred. Olsen, dem seine Schiffe Reverenz erweisen.
Zwischen den einzelnen Badeorten längs des Fjordes liegen nicht viele Kilometer. Früher einmal waren sie mehr als Badeorte – waren wichtige Versorgungshäfen für die norwegische Segelschiffsflotte, und man kann immer noch ehemalige Werften und Überreste der goldenen Clipper-Zeit hier entdecken. Doch heute beherrschen die Sommergäste das Bild und verschaffen den wenigen dort ansässigen Familien ein gesichertes Auskommen.
Zu den wirklich mondänen Badeorten gehört Hankö, das Seglerzentrum vor Fredrikstad, wo S. M. König Olav V. ein Sommerhaus hat und wo man ganz unverhofft auf die

Boote im Gegenlicht

Badefelsen bei Tjöme

königliche Familie stoßen kann — im Boot oder an Land. In Norwegen hat man eine ziemlich gemütliche Auffassung von der Monarchie, und die königliche Familie ist oft ohne sichtbare Wachen mitten unter den Bürgern anzutreffen.
Heute sind die Regatten übrigens zum Teil auf die andere Seite des Fjords verlegt, ins alte Marinezentrum Horten, das nicht gerade zu den malerischsten Orten gehört.
Wenn man aber von innen, von Oslo, kommt, darf man nicht vergessen, einen Törn um Hurumland entlang an das Ufer des Drammensfjordes zu legen, einen der längsten Seitenarme des Oslofjordes. Hier ist das Seewasser ganz klar, da die Dünung fast genau darauf zusteht; sonst muß man nämlich ein gutes Stück über Dröbak hinausfahren, um reine Badefreuden zu erleben.
Wenn man die Halbinsel umrundet, die den Drammensfjord abtrennt, kommt man bald nach Rödtangen und Holmsbu, wo viele norwegische Maler gelebt haben. Und apropos Maler: Herrscht noch immer Wind, dann können wir es uns vielleicht leisten, den Kurs Richtung Åsgårdstrand zu legen, wo Edvard Munch eine Reihe von Jahren lebte. Åsgårdstrand ist einer der wenigen Orte am Oslofjord, die sich in den letzten 50 Jahren nicht wesentlich verändert haben, und wer mit der Bilderwelt Munchs vertraut ist, wird ihn noch heute aus den Gemälden und Grafiken wiedererkennen, ja sich beinahe danach zurechtfinden.
Es folgt dann Tönsberg, Norwegens älteste Stadt, 871 gegründet. Wer will, kann dann auch gleich noch ein paar Seemeilen weiter nach Süden schippern — bis nach Larvik, der Stadt, die es sich leistete, „nein" zu sagen, als man ihr eine Plastik von Picasso anbot. Neben der Tatsache, daß von dort aus die billigste Fährverbindung nach Dänemark ablegt, ist dieses „Nein" freilich der einzige Grund für einen Besuch.
Früher — vor allem vor dem Zweiten Weltkrieg — fuhren Dampfschiffe über den Oslofjord; am Samstag konnte man das „Papaboot" benützen, das die Väter der Stadt übers Wochenende zu ihren Familien in die Ferienorte brachte.
Hier mitzufahren, auf dem langsamen und überfüllten Steamer — das war, als erlebte man eine humoristische Schilderung des Volkslebens.
Jetzt gibt es keine Papaboote mehr, das Auto hat den Wochenendtransport übernommen. Statt dessen kann man das schnelle Tragflächenboot von Oslo über Dröbak nach Horten nehmen und so in einer Stunde den wichtigsten Teil des Fjordes sehen. Das bleibt aber — im eigentlichen Sinn des Wortes — ein oberflächlicher Eindruck, von gleicher Art, wie der jener amerikanischen Touristin, die sich erinnerte: „Rom — war das nicht die Stadt, wo ich die grünen Strümpfe kaufte?"
Nun haben natürlich nicht alle einen norwegischen Freund mit Boot, mit dem sie den Oslofjord so erleben können, wie man ihn erleben sollte. Autofahrer können aber jeden Badeort am Fjord erreichen und gewiß sein, daß es dort einen öffentlichen, kostenlosen Badestrand gibt. Die norwegische Gesetzgebung ist überhaupt sehr liberal gegenüber Touristen: Wenn sie den Eigentümer nicht stören, können sie sich für kurze Zeit überall in der Natur niederlassen; nur eingezäunte Grundstücke sind tabu. Sandstrand findet man aber so gut wie gar nicht, dagegen die runden Felsbuckel, die während der Eiszeit blankgescheuert wurden, als die Landschaft rund um den Oslofjord ihre heutige Form erhielt. Der geologisch Belastete sieht übrigens überall, daß das Tal von Oslo und die Landschaft nach Süden zu in Wirklichkeit zu einer großen Moräne gehören.
Der übliche Fehler des Touristen — das weiß jeder, der gereist ist — besteht darin, daß man soviel wie möglich sehen will, mit dem Ergebnis, daß man reist und reist und in Wahrheit nur Landstraßen, Flugplätze und Hotelzimmer sieht. In Norwegen sollte man sich lieber auf einen Landesteil konzentrieren, zum Beispiel auf das Land rund um den Oslofjord — oder von Oslo ausgehend südwärts über das Hurumland fahren und die Fähre von Svelvik über den Drammensfjord nehmen und an allen kleinen Orten anhalten. Bei Tönsberg muß man darauf achten, daß man nicht an Nötteröy und Tjöme vorbeifährt — den herrlichsten Ferienparadiesen am ganzen Fjord.
Vom Johannistag bis Mitte August wimmelt es hier unten von Badegästen in Hütten, Häusern und Zelten. Hier gibt es typisch norwegische Inseln und Schären, die die Häusergruppen und Bootshäfen gegen das Meer draußen schützen — aber das Meer ist da, und ganz draußen, wo es anbrandet, wo das Wasser nie richtig warm wird und wo es grün und bitter salzig ist, da heißt die vom Sturm zerzauste Landschaft auch „Verdens Ende" (Ende der Welt).
Und wenn das auch für den Touristen eine Übertreibung sein mag, so kann man doch gewiß behaupten, daß hier das Ende des Oslofjordes liegt.

Autofahren macht hierzulande noch Freude.
Die Brücke bei Fredrikstad   Foto: Toni Schneiders

Felszeichnungen genau betrachtet

Die Zahl der Fundstellen von Felszeichnungen in den Landschaften um den Oslofjord ist erstaunlich. Was es mit den dargestellten Motiven aus grauer Vorzeit im einzelnen auf sich hat, welche Bedeutung ihnen zukommt, darüber berichtet hier Sverre Marstrander.

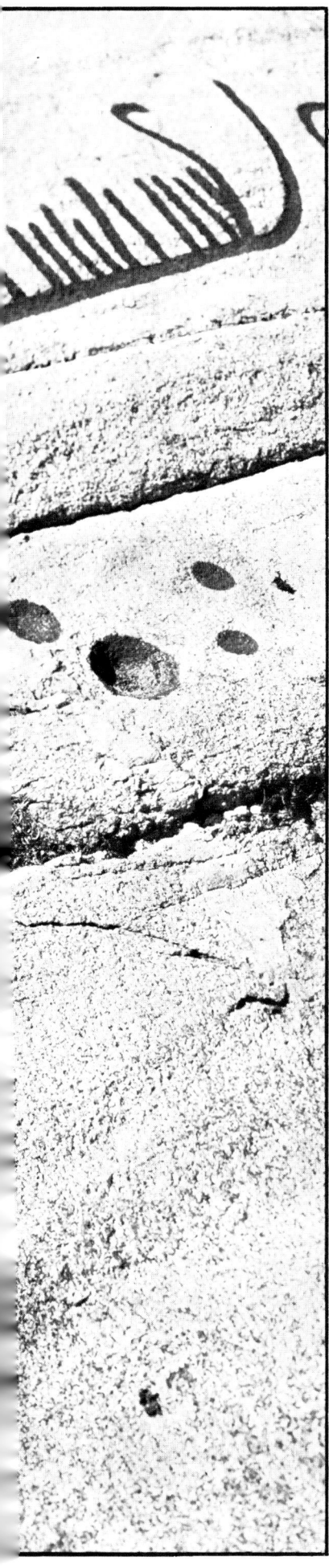

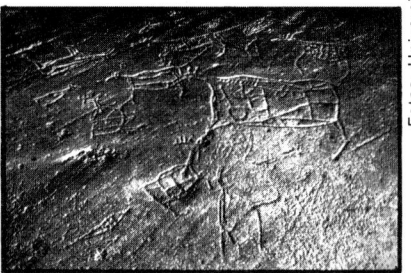
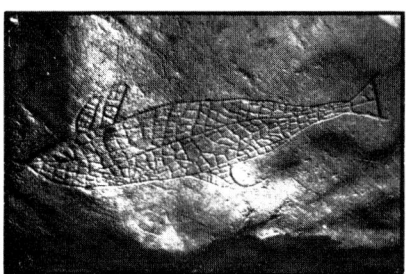

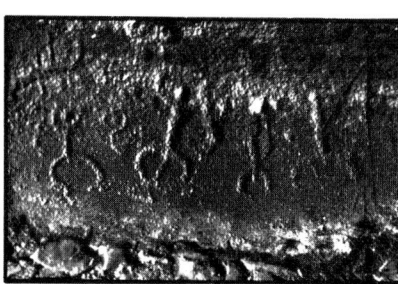

*Bildreihe von oben: 1. Elche vom Ekeberg in Oslo, 2. und 3. Tiere vom Skogerveien in Drammen. 4. Schiffe von Skjeberg/Östfold, 5. Tanzende Männer vom Hof Storedal in Skjeberg.
Links: Skjeberg-Detail*

Nur wenige Teile Norwegens weisen einen solchen Reichtum an Vorzeitfunden auf wie die Landschaft zu beiden Seiten des Oslofjordes.
In Degernes am Ostufer des Fjordes wurden vor wenigen Jahren in 160 Meter Höhe Wohnstätten gefunden, die von der ersten Einwanderung von Jägern vor etwa 9000 bis 10 000 Jahren berichten. Aus dem frühen 3. Jahrtausend v. Chr. finden wir Spuren von Ackerbau. Doch die ersten Bauern waren nicht nur Bauern, sondern auch Jäger und Fischer; in ihren Lebensformen blieben starke Elemente der alten Nomadenkultur erhalten.
Die Felszeichnungen im Gebiet des Oslofjordes gehen sowohl auf die Vorstellungswelt der Jäger und Fischer als auch auf die der Bauern zurück. Hoch droben am Ekeberg in Oslo selbst liegt direkt bei dem beherrschenden Bau der Seemannsschule eine dieser Gruppen mit Felszeichnungen (Abb. 1). Die acht Tierfiguren gehören zur Familie der Hirsche. Zwei davon kann man mit Sicherheit als Elche bestimmen. Die Körperfläche dieser beiden Figuren ist mit einem völlig regelmäßigen Netz von Linien ausgefüllt; bei mehreren der übrigen sieht es so aus, als ob der Zeichner versucht hätte, innere Organe wiederzugeben. Den Hals hinunter ist eine Furche gezogen, die bei zwei der Figuren in einer beutelförmigen Erweiterung endet. Dieses Motiv ist in den ostnorwegischen Felszeichnungen häufig; an einzelnen Zeichnungen andernorts im Lande wurde es auch gefunden. Es hängt offensichtlich mit Vorstellungen zusammen, die wir bis zum heutigen Tag in der Kunst der Naturvölker wiederfinden. Wenn ein Pueblo-Indianer in Arizona das Bild eines Tieres malen will, zeichnet er eine Linie vom Maul zum Herzen — die sogenannte „Lebenslinie", die anzeigt, daß das Tier ein lebendes Wesen ist.
Die Tiergestalten am Ekeberg sind in ihrer Form weitgehend schematisiert. Sie sind nur zu einem geringen Grad von der unmittelbaren Naturbeobachtung geprägt; es mangelt ihnen an Vitalität. Als ob sie alles innere Leben verloren hätten — und zu Zeichen und Symbolen geworden wären.
Die Felskuppe, in die die Gestalten eingehauen sind, liegt gleich neben einer kleinen Talsenke, die zum Fjord hinunterführt. Ihr kann in alter Zeit ein Wildpfad gefolgt sein, und das ist vielleicht die Erklärung dafür, daß die Zeichnungen gerade hier eingehauen wurden, irgendwann in der

ersten Hälfte des 2. Jahrtausends v. Chr. In der Nähe werden die Jäger auf der Lauer gelegen und daher versucht haben, sich durch magische Zeremonien, die mit dem Einhauen der Tiergestalten verbunden waren, das Jagdglück zu sichern.

Ungefähr aus der gleichen Zeit wie die Ekeberggruppe stammen Felszeichnungen, die vor einiger Zeit in einem Villenviertel am Südufer des Drammensflusses in Drammen gefunden wurden (Abb. 2). Auch hier handelt es sich um im ganzen 12 Tiergestalten, die wohl ausnahmslos Elche darstellen sollen. In ihrem konventionellen Stil entsprechen sie völlig den Zeichnungen vom Ekeberg und könnten gut von demselben „Künstler" stammen. Die meisten von ihnen besitzen die gleiche Lebenslinie, die wir dort festgestellt haben. Größeres Interesse finden zwei Walfiguren, die man als Tümmler bestimmen kann (Abb. 3). Die Umrisse mit den spitzen Rückenflossen und den Vorderflossen sind treffend wiedergegeben. Beide sind ausgefüllt mit einer Art Liniennetz, das auf keinen Fall organische Hintergründe aufweist. Es muß sich dabei um eine Art Dekoration handeln. Dicht beim größeren Tümmler schwimmen zwei andere Fische, zweifellos eine Art Flunder, wahrscheinlich Heilbutt. Schließlich gibt es mitten in einer Gruppe von Elchen einen einzelnen Seevogel. Ein merkwürdiges Motiv, das sich nur sehr schwer deuten ließ, wird von einigen ovalen Figuren mit spitzen Enden gebildet, von denen sich in den Drammenser Zeichnungen im ganzen sieben finden und die auch am Ekeberg auftreten (Abb. 1 und 2). Es spricht alles dafür, daß sie eine Art Tierfallen aus Holz darstellen, von denen man in den Mooren Europas — u. a. auch in Norwegen — eine Reihe gefunden hat. Die Fallen wurden an Wildpfaden in der Hoffnung aufgestellt, daß das eine oder andere Tier sich vielleicht seinen Fuß einklemmen würde.

Eine ganz andere Welt finden wir in den mehreren hundert Felszeichnungen aus der Bronzezeit, die in den Pfarreien Borge und Skjeberg im Regierungsbezirk Östfold besonders häufig sind. Diese Zeichnungen werden oft Ackerbauzeichnungen genannt, weil sie — recht besehen — aus dem bäuerlichen Milieu stammen. Es handelt sich um eine Art Fruchtbarkeitsmagie, die mit einer Reihe von Symbolen und Zeichen arbeitet, oft Darstellungen aus der sexuellen Sphäre. Ja, in Einzelfällen ist man versucht, von „vorgeschichtlicher Pornographie" zu sprechen.

Die Deutung der Zeichnungen aus der Bronzezeit und ihrer Symbolik ist außerordentlich schwierig, gehören sie doch einer Vorstellungswelt an, die untergegangen ist und die wir nicht mit Sicherheit rekonstruieren können.

Welche Vorstellungen sind etwa mit dem Schiff verknüpft, das als Motiv am häufigsten auftritt? Die Zeichnungen könnten sich auf den Kultmythos des Erdgeistes der Vegetation beziehen, der in jedem Frühling mit seinem Schiff von einer Insel im Meer kommt, um Kraft und Fruchtbarkeit der Erde zu erwecken, und in jedem Herbst wieder davonsegelt, worauf die Pflanzen sterben. Die Ankunft des Frühlings mußte jedes Jahr durch eine dramatische Darstellung der Ankunft des Erdgeistes gesichert werden. Dabei zog man u. a. mit den Symbolen der Gottheit umher, zu denen in erster Linie das Schiff gehörte. Man glaubte, es sei von ihrer Kraft erfüllt, und so wurde es selbst zu einem magischen Symbol der Fruchtbarkeit. Diese Erklärung für die häufige Verwendung des Schiffsmotivs in den Zeichnungen ist die wahrscheinlichste.

In Borge, direkt außerhalb von Sarpsborg, ist in eine Felskuppe eine seltene Sammlung feiner Schiffsfiguren mit tiefen, kräftigen Furchen eingehauen (Abb. 4). In allen Felszeichnungen gibt es eine Menge Kreiszeichen in Form von Rädern, Scheiben oder Spiralen; sie scheinen magische Zeichen für die Sonne zu sein. Zwei Gruppen konzentrischer Kreise über den Schiffen des Borgenfeldes muß man ebenso verstehen. Auf vielen Zeichnungen sind menschliche Gestalten abgebildet. Einzelne davon ragen durch ihre Größe und ihre Attribute hervor; sie sind wohl Göttergestalten. Andere deutet man wohl besser als Kultteilnehmer. Bei sehr vielen von ihnen, beispielsweise bei denen vom Hof Storedal in Skjeberg, ist die sexuelle Potenz stark betont (Abb. 5).

Ein sehr gebräuchliches Motiv ist die Fußsohle; seine Deutung ist nicht gesichert.

Daneben gibt es noch viele Motive, die ich bisher nicht erwähnt habe, etwa die Tiergestalten, die — jedenfalls im Östfold — im wesentlichen Pferde wiederzugeben scheinen. Das Pferd hat im Fruchtbarkeitskult aller indoeuropäischen Völker eine wichtige Rolle gespielt. Es scheint, als ob man alle Motive so oder so in die magischen Vorstellungen von der Fruchtbarkeit einordnen könne, die unserer Meinung nach den Felszeichnungen zugrunde liegen.

Die meisten der Felszeichnungen der Bronzezeit wurden in der ersten Hälfte des letzten Jahrhunderts v. Chr. eingehauen.

Die Felszeichnungen sind bedeutende Quellen der Kultur- und Religionsgeschichte. Sie sind gleichzeitig Illustrationen zur Kultur der Bronzezeit und Zeugen menschlichen Denkens, Fühlens und Wollens einer Epoche, die keine schriftlichen Quellen hinterlassen hat. □

Drei Wikingerschiffe hat man am Oslofjord gefunden, eins in Tune, eins in Gokstad und das kostbarste (unser Bild) in Oseberg. Das Gewicht der Grabhügel, die im 9. Jahrhundert über diesen einzigartigen Sarkophagen von Königen und Königinnen errichtet worden waren, hatte die Schiffe in tausend Teile zerdrückt. Sie wieder in ihre ursprüngliche schnittige Form zurückzuverwandeln, wurde für ihren Restaurator, den Ingenieur Fr. Johannessen, zu einem jahrzehntelangen Puzzle. Der Lohn: Das Vikingskiphus auf Bygdöy bietet uns heute das umfassendste Bild der Wikingerzeit und ihres überaus reichen Kunsthandwerks

Rapsfelder im Fylke Akershus nordöstlich Oslo, einem der wenigen ertragreichen Ackerbaugebiete des Landes

Waldemar Augustiny

Hunger nach dem Unbekannten

Sie sehen aus wie weiß getünchte Basiliken, die Schiffsmuseen auf der Halbinsel Bygdöy, als wären sie gebaut, um Heiligtümer zu bergen. Und eins sind die Schiffe, die hier gezeigt werden, wirklich: nationale Symbole. Das gilt für die hochseetüchtigen Wikingerboote aus Gokstad und Oseberg genauso wie für die ruhmreiche „Fram", wie für das Balsaholzfloß „Kontiki": Sie alle dienten wagemutigen Männern, die Grenzen ihres Wissens zu erweitern. Das Papyrusboot „Ra" (im Bild Thor Heyerdahl beim Bau des Bootes in Ägypten) ist vorerst das letzte in dieser Reihe.

Hat der Zufall die beiden Hallen in unmittelbare Nachbarschaft gerückt? Oder soll die räumliche Nähe eine geistige Verwandtschaft demonstrieren zwischen dem Aufbruch der Wikinger ins Unbekannte und den planmäßig vorbereiteten Expeditionen eines Fritjof Nansen, eines Roald Amundsen und Thor Heyerdahls?

Ausländischen Besuchern sind die Wikingerschiffe meist „graues Altertum". Erst vor der „Fram" und der „Kontiki" erwärmen sich die Blicke, denn Nansen mit seinen Fahrten in die Arktis und Amundsen mit der Eroberung des Südpols – sie haben immerhin Entdeckungen erbracht, die für den modernen Flugverkehr, für Schiffahrt, Wetterkunde und manch andere Gebiete wichtige Voraussetzungen schufen. Heyerdahls Fahrten über den Pazifik endlich, von denen Presse und Fernsehen berichteten, interessieren, weil sie Zusammenhänge alter Kulturen der östlichen und westlichen Hemisphäre denkbar gemacht haben.

Der Norweger dagegen, der uns zu den Wikingerbooten führt, macht ein feierliches Gesicht. Er bewundert die technische Intelligenz, mit der sie – ohne nennenswerte Hilfsmittel – erbaut sind, und er bewundert die damalige Kunst der Navigation, die wohl vornehmlich auf Beobachtung der Windrichtung, der Meeresströmungen, des Laufs der Gestirne beruhte. Im vorigen Jahrhundert wurden Stimmen laut: Mit solchen Booten hätte kein Mensch die Nordsee und schon gar nicht den Atlantik überqueren können, und wenn schon – der moderne Mensch wäre gar nicht in der Lage, solche Leistungen nachzuvollziehen. Wetten, daß? sagte da Kapitän Magnus Andersen. Im Jahre 1893 ging er mit einem nachgebauten Osebergschiff in See und landete sicher an der Ostküste Nordamerikas; sein Schiff, auf den Namen „Wiking" getauft, steht heute in einem öffentlichen Park von Chicago.

Was wissen wir von den alten Wikingern? Meist nicht mehr, als daß sie zwei, drei Jahrhunderte lang der Schrecken Europas waren. Sie landeten an den Küsten der Sachsen, Friesen, Franken, Briten, sie erreichten Lissabon, Cadiz, Sevilla und die marokkanischen Küsten, als die „dunkelroten Seevögel des Nordens", wie es in einer arabischen Handschrift heißt. Auf Flußläufen drangen sie weit ins Hinterland ein und kehrten, beladen mit Silber, Gold, Beute und Sklaven, heim.

Das sind bescheidene Kenntnisse, erklärt mir eine norwegische Archäologin. Sie waren schon rauhe Burschen, und der erste historisch beglaubigte Raubzug, der Überfall auf das nordenglische Kloster Lindisfarne im Jahre 793, entsetzte die europäische Christenheit.

Was trieb die Wikinger auf See hinaus?

Aber im Laufe der Zeit änderten sich Absichten und Ziele. Auf den Shetlandinseln, den Färöern ließen sich Wikinger als Bauern und Fischer nieder. Andere gründeten Handelsniederlassungen, so in Haitabu, im Rheindelta, auf der Insel Noirmontier in der Loiremündung, in Dublin. Wieder andere schufen Staatengebilde – auf Irland, in der Bretagne, der Normandie und in Unteritalien. Diese Reiche stützten sich auf Burgen und stehende Heere und hatten keinen langen Bestand. Die Irländer erhoben sich und warfen die Eindringlinge zurück aufs Meer. Die normannischen Burgherren im fränkischen Küstenland wurden französische Barone. Das Reich „beider Sizilien", unter griechischem und sarazenischem Einfluß zu einem gut organisierten Staatsgebilde entwickelt, verabschiedete sich auf galante Weise aus der Weltgeschichte. Die letzte normannische Prinzessin Constanze heiratete 1186 den staufischen König Heinrich VI. und schenkte ihm als Hochzeitsgabe Apulien und Sizilien. Ein einziger Wikingerstaat hat die Zeiten überdauert und viel von der altnorwegischen Kultur, ihren Rechtsgütern, ihrer Sprache, ihren Liedern und Sagen bewahrt: Island.

Welche Motive setzten die Wikinger in Bewegung? Bestimmt nicht Landnot: Die Forschung hat erwiesen, daß vielerorts Höfe verlassen wurden und Landschaften veröndeten. Raubgier? Allenfalls bei den „Sommerfahrten". Ein gemeinsamer politischer Wille, der vom Mutterland gelenkt wurde? Die einzelnen Gruppen haben weder untereinander noch mit der alten Heimat Verbindung gepflegt. Was trieb den Kaufmann Ottar aus Halogaland, das Nordkap zu umrunden und an der Küste des Eismeeres an Land zu gehen? Aus welchem Anlaß überquerte um das Jahr 1000 Bjarni Herjolfsson von Grönland aus den Atlantik, bis er nordamerikanisches Festland erreichte, wahrscheinlich bei der Stadt Boston, die ihm ein Denkmal gesetzt hat?

Einzig die Besiedlung Islands hat nachweisbare Gründe. Im Jahre 860 erließ König Harald Schönhaar, der Norwegen einte, eine Steuerordnung, die Grundbesitz mit Zins belegte; zugleich forderte er eine Reihe von Sonderrechten für die Krone. Da segelten viele Bauern, in ihren Freiheiten bedroht und unfähig, sich dem König zu widersetzen, nach Island und gründeten hier dem Herkommen der Väter nach ein neues Reich der gleichberechtigten Freien. Aufbruch und Erlöschen der Wikingerzüge sind den Normannen selber ein Rätsel gewesen, wie aus dem norwegischen Königsspiegel (aufgezeichnet um 1200) hervorgeht. In diesem Buch fragt der Sohn den Vater: Was trieb die Alten über die Meere? Der Vater antwortet: Tatenruhm; sie wollten sich einen Namen erwerben. Zweitens Wißbegier; es ist des Mannes Natur, wissen zu wollen, was jenseits des Horizonts liegt. Ein drittes Motiv: Erwerb von Gütern, selbst wenn große Gefahren damit verbunden sind.

Fritjof Nansen

Wir wissen von einem Jungen, der am Oslofjord aufwuchs als Sohn eines Bootsbauers, als Enkel und Urenkel von Fischern und Seefahrern. Das war die Welt, in der er heimisch war: Seemöwen über schwarzen Vordersteven, Schiffswänden und Hecks; Rufe von Fischern, Kapitänen, Zimmerleuten; auslaufende und heimkehrende Boote. Als dieser Junge siebzehn Jahre alt war, erlebte er die Rückkehr eines Grönlandfahrers und den triumphalen Empfang, den ihm die Heimat bereitete. Da beschloß er, „die Nordwestpassage durchzuführen". Der Junge hieß Roald Amundsen, und

der Mann, der zum ersten Male Grönland durchquert hatte, war Fritjof Nansen.
Hier wird ein geschichtlicher Zusammenhang deutlich. So haben vor tausend Jahren Jungen am Ufer gestanden, als „die roten Seevögel des Nordens", von jubelnden Menschen begrüßt, zurückkehrten. Auch damals wurden sie von dem Wunsch gepackt, es den erwachsenen Männern gleichzutun.

Nansens „spirit of adventure"

Fritjof Nansen sagte als Schüler einmal zu seinem Vater: „Denk doch, weithin über unbekannte Flächen zu wandern, die noch nie eines Menschen Fuß betreten hat..." Der Vater, ein nüchterner Rechtsanwalt, verstand ihn nicht, und der Junge hätte wahrscheinlich selber seine Absichten nicht genauer formulieren können. Aber auf der Höhe seines Lebens, als er fünfundsechzigjährig die Rektoratswürde an der St.-Andrews-Universität entgegennehmen durfte, sprach er von dem „Hunger nach dem Unbekannten" und dem *spirit of adventure* als den eigentlichen Triebkräften seines Lebens. Als Student der Zoologie, während der Fahrt auf einem Robbenfänger, machte er bereits seine ersten Entdeckungen. So beobachtete er auf treibenden Eisschollen einen merkwürdigen Schlamm und zog den Schluß, daß eine Drift von der Beringstraße bis zur Küste Grönlands bestehen müsse. Auf diese Annahme gründete sich sein späterer Plan für die Fahrt mit der „Fram". Die weißen Flecke auf den Karten der Arktis ließen ihn nicht los. 1888 überquerte er als erster Mensch die 3000 m hohe Eisdecke Grönlands und überwinterte bei den Eskimos. 1893 glitt sein in Larvik erbautes Expeditionsschiff, die „Fram", die als stärkstes Schiff der Welt galt, aus dem Oslofjord in See. Die Reise dauerte drei Jahre. Nansens Annahme, er könne mit Hilfe der Meeresströmungen den Nordpol erreichen, erwies sich als falsch. So startete er, begleitet von einem Kameraden, ausgerüstet mit Hundeschlitten, zu einer 780 km langen Wanderung. Auf 86° 14' Breite mußte er, zu Tode erschöpft, umkehren. Über Franz-Josef-Land erreichte er Norwegen. Die Telegraphenstationen in aller Welt meldeten die Rückkehr des schon als verschollen geltenden Forschers. Als er in der Albert Hall in London die Ergebnisse seiner Fahrt schildern sollte, erhob sich bei seinem Eintreten eine tausendköpfige Menge, und das Orchester stimmte die Siegeshymne aus Händels „Judas Makkabäus" an. Es war einer der stolzesten Augenblicke seines Lebens, bekannte er später.

Roald Amundsen

Nansen beschäftigte noch ein anderer großer Plan, mit der „Fram" den Südpol zu gewinnen. Aber politische Aufgaben zwangen ihn, den Plan zurückzustellen. Er kämpfte für Norwegens Loslösung von Schweden und wurde 1905 erster norwegischer Gesandter in London. Da kreuzte ein Mann seinen Weg, der wie viele andere zu Nansen aufblickte wie zu einem Meister. Dieser war der einzige, der es an Härte, Ausdauer, Intelligenz mit Nansen aufnehmen konnte. Amundsen hatte bereits mit einer kleinen Yacht die Nordwestpassage bezwungen und war über Alaska in San Francisco gelandet. Nun wollte er, was Nansen und ihm selber nicht gelungen war, zum Nordpol vorstoßen, und zwar mit einem bestimmten Schiff. Er bat Nansen um die „Fram". Nansen gab dem um zehn Jahre jüngeren Forscher seine Zustimmung.
Amundsen jedoch fuhr südwärts nach Madeira, und von dort meldete er Nansen, daß er zunächst zum Südpol und erst danach zum Nordpol reisen wolle. Nansen sah sich um die letzte große Chance seines Lebens gebracht. Aber als Amundsen im Jahre 1912 mit dem Erfolg zurückkehrte, den Südpol, „das menschenfeindlichste Gebiet der Erdoberfläche", betreten zu haben, war Nansen der erste, der ihm gratulierte. Später zeigte Amundsen dann, daß auch er etwas von der Charakterstärke Nansens besaß. Er hatte, um endlich den Nordpol zu bezwingen, den italienischen Konstrukteur Nobile beauftragt, für ihn ein Luftschiff zu bauen, das er „Norge" taufte, und mit ihm gelang es, den Nordpol zu überfliegen. Aber Nobile, der Kapitän des Schiffes, und Amundsen, der Leiter der Expedition, gerieten sich in die Haare, da jeder für sich und

seine Nation den Ruhm beanspruchte. Als Nobile später mit einem eigenen Luftschiff, der „Italia", das Unternehmen wiederholen wollte und sein Flugschiff im Polareis zerschellte, startete Amundsen mit einem Wasserflugzeug, um zu helfen; von diesem Flug kehrte er nicht mehr zurück.

Im Floß über den Pazifik

Thor Heyerdahl bestieg im April 1947 das wohl seltsamste Boot, das in unserer Zeit erbaut worden ist, ein Floß aus Balsastämmen, darauf eine Hütte aus Bambusstäben und Palmblättern, dazu ein Rahsegel; das Floß war einem Modell nachgeschaffen, das die südamerikanischen Indianer für Hochseefahrten benutzt hatten. Mit ihm wollte Heyerdahl vom peruanischen Hafen Callao die polynesische Inselgruppe ansteuern, die mitten im Pazifik liegt. Auf einer dieser Inseln hatte er, der von Haus aus Zoologe war, die dortige Tierwelt studiert. Während dieses Aufenthaltes faszinierten ihn die mächtigen Bauten, über deren Herkunft niemand etwas aussagen konnte, Stufenpyramiden, Tempel, kolossale Steinplastiken. Sie glichen den Bauten der altperuanischen Kultur, und Heyerdahl vermutete, daß Einwanderer aus Peru vor anderthalbtausend Jahren sich in Polynesien niedergelassen hatten. Kein Fachmann wollte dieser Theorie zustimmen, schon deshalb, weil die Indianer eine so weite Strecke mit ihren Flößen nie hätten überwinden können. Heyerdahl sagte sich, man müsse es ausprobieren, und machte sich mit fünf verwegenen Kameraden auf den Weg. Es war ein richtiges Wikingerabenteuer, aus dem Willen geboren, das unmöglich Scheinende zu erzwingen.

Kein Mensch auf der Welt konnte ihn lehren, wie ein solches Floß auf See gesteuert werden mußte, aber nach 101 Tagen war die 8000 km lange Strecke wirklich geschafft.

Zehn Jahre später studierte Heyerdahl auf altägyptischen Grabreliefs den Bau von Booten aus Papyrusrohr. Schiffe gleicher Konstruktion, wußte er, gebrauchen Fischer heute noch in Afrika und Südamerika.

Ein neuer weltweiter Zusammenhang zwischen östlichen und westlichen Kulturkreisen schien sich zu öffnen, wenn sich herausstellte, daß Papyrusboote den Ozean überqueren könnten. Heyerdahl baute seine „Ra" nach altägyptischem Rezept: Büschel aus Papyrusrohr, mit Seilen zusammengehalten, ohne Verwendung von Nägeln und Schrauben. Der erste Versuch scheiterte. Die „Ra II" startete am 25. März 1970 im marokkanischen Hafen Safi und landete nach 57tägiger Fahrt in Bridgetown auf der Insel Barbados, die zu den Kleinen Antillen gehört. Das seltsame Schiff fuhr unter der Flagge der Vereinten Nationen, denn zu seiner Besatzung gehörten Angehörige von sieben Nationen, und Heyerdahl wollte nicht nur wissenschaftliche Hypothesen aufstellen, er wollte mit seiner abenteuerlichen Reise beweisen, „daß kein Raum zu eng, kein Streß zu groß ist, wenn sich Menschen die Hand reichen, um gemeinsam zu überleben".

Auch Fritjof Nansen stellte sich in seinen späten Jahren humanitären Aufgaben, die einen Aufbruch ins Unbekannte bedeuteten. Von Norwegen in den Völkerbund delegiert, rettete er Hunderttausende Armenier, die von den Türken verfolgt wurden. Er leitete 1919/20 die Rückkehr der Kriegsgefangenen. Er organisierte – gegen welche Widerstände! – eine Hilfsaktion für die Hungergebiete Sowjet-Rußlands. 1922 schlug er vor, jedem Staatenlosen eine Identitätskarte auszustellen, welche die gleiche Rechtskraft besitzen sollte wie die nationalen Reisepässe; so entstand der Nansenpaß.

Sein Sohn Odd Nansen, von Beruf Architekt, gründete 1936 die Nansenhilfe für Staatenlose und Flüchtlinge. Von 1942 bis 1945 Insasse eines deutschen Konzentrationslagers, machte er sich bereits Sorgen, was aus dem zerschlagenen, ausgebluteten Europa werden solle. Aus der Haft entlassen, alarmierte er die Weltöffentlichkeit und machte vor allem die Vereinten Nationen auf das Elend der deutschen Ostflüchtlinge aufmerksam; er beteiligte sich selbst tatkräftig an Hilfsaktionen.

Waren diese Wikinger der Neuzeit Einzelerscheinungen? Ich meine, auf sie alle trifft zu, was Björnstjerne Björnson über Fritjof Nansen gesagt hat: „Nicht ein einziger Mensch, auch nicht eine einzige Generation vermag solche Eigenschaften aus dem Nichts herauszuholen. Es ist vielmehr so, daß die Arbeit, die Redlichkeit und die Selbstbeherrschung, die sich ein Volk in der Stille erwirbt, irgendwann einmal in einer Großtat ans Licht kommen." □

Eine Hafenstraße in Stavanger. Fast alle Häuser haben einen Flaschenzug am Giebel, mit dem die schweren Güter hochgehievt werden

Der Landschaftsname Telemark hat einen besonderen Klang: Hort alter Bauernkultur, Wiege des modernen Skilaufs, Land der Trachten und der Volkskunst – das schwingt darin mit. Noch immer stehen in Rauland die alten, aus mächtigen Stämmen und Bohlen gefügten Höfe (Bild unten). Aber vor dem Stabbur wartet der Traktor. Die neue Zeit hielt Einzug.

Halldis Moren Vesaas

Telemark und Telemark

Wer Telemark gesehen hat, hat Norwegen gesehen, sagt man. Telemark sei Norwegen *en miniature*. Etwas Wahres ist daran; Telemark erstreckt sich von der Küste des Skagerraks bis weit hinein ins Gebirgsmassiv der Hardangervidda; innerhalb seiner Grenzen findet man alle Erscheinungsformen der norwegischen Natur. See und Felskuppen, Inseln und Sunde und sanfte Buchten ganz drunten, endlose Berghochebenen auf der Vidda, überragt von Gipfeln mit ewigem Schnee ganz droben. Und dazwischen ausgebreitet, zwischen Bergen und immer wieder Bergen: fruchtbare Bauerndörfer und einsame Gehöfte am Steilhang, Nadel- und Birkenwälder, weite Flachlandseen und kleine Gebirgswässer, Flüsse und Bäche und Wasserfälle.

Nicht zuletzt dies, nicht zuletzt Wasser. In einem Lesebuchvers meiner Kindheit heißt es, das Telemarkmädchen kann sich spiegeln: „Es hat Seen rings herum."

Das stimmt heute wohl nicht mehr so ganz. Heutzutage werden die Seen immer weniger. In unserem Jahrhundert dient das Wasser nicht nur als Spiegel für hübsche Mädchen. Viele Seen und Flüsse und Wasserfälle, von Dämmen und Turbinen eingefangen, müssen elektrischen Strom erzeugen; immer mehr Flüsse müssen fronen; die Entwicklung muß ja weitergehen. Die Verantwortlichen jedenfalls scheinen es zu meinen. Wir anderen können nur ein Gebet sprechen, daß etwas von all der Naturschönheit, mit der wir gesegnet sind, auch für unsere Enkel erhalten bleiben möge.

Telemark und Telemark. Die Grenzen auf einer Karte sind oft künstlich. Der Krabbenfischer, der vor der Küstenstadt Krageö die See pflügt, fühlt sich kaum als Telemarking. Was die Leute meist für Telemark halten, das ist die Landschaft oberhalb der alten Bezirkshauptstadt Skien; und das ist ein sehr mannigfaltiger Teil Norwegens. Als ich Kind war, galt es als Strafe, in der Erdkundestunde über Telemark abgehört zu werden. Andere Binnenlandsgebiete wie das Gudbrandstal und das Östertal — eine Kleinigkeit, lange Täler mit einem zentralen Flußlauf. Aber Telemark: mit seinem Wirrwarr von kleinen Talstumpen und Flüssen, die hierhin und dorthin hüpfen, mit zahlreichen Seen und Gebirgen und dem Brausen der Geschichte um alte Städte wie Skien und dem Lärm der Maschinen von neuen Industriezentren wie Rjukan. Und dazu noch der Stabbur (das Speicherhaus) und die Stabkirchen und das ganze „geistige" Telemark: Sagen und Volkslieder, Fiedelmusik und Rosenmalerei und Silberschmiede und die Weberinnen und der eine große Dichter aus neuerer Zeit, Åsmund Olavson Vinje, genauso vielseitig und voller Gegensätze wie die Landschaft, die ihn geboren hatte: hart und weich, kalt und warm, spöttischer und gnadenloser Kritiker der Gesellschaft und hellwacher poetischer Träumer — alles in einem...

Telemark war also ein komplizierter Begriff, und so ist es heute noch. Große Veränderungen haben sich vollzogen, in Natur und Lebensstil, vor allem durch die Industrialisierung im gehetzten Tempo dieses Jahrhunderts. Aber der Reichtum an Variationen und Gegensätzen, den dieser Landesteil von seinem Schöpfer empfing, wurde übersichtlicher — unter anderem dank einem guten Straßennetz, das Städte und Dörfer und Wildnis miteinander verbunden hat und die Isolierung zerbrach, in der frühere Generationen lebten und der wir verdanken, daß sich so vieles unserer besten Volkskunst gerade hier entwickeln konnte. Als man ernstlich begann, all das ans Tageslicht zu bringen, was die Menschen hierzulande in ihren kleinen, isolierten Gemeinden durch die Jahrhunderte gedichtet und erzählt hatten, gesungen und gespielt, gemalt und in Holz geschnitzt — da zeigte es sich, daß das meiste in den abgelegensten Dörfern zu finden war. Nicht zuletzt in Telemark, in den am höchsten gelegenen Gebirgsdörfern: Seljord, Lårdal und Vinje. Der Psalmdichter Magnus Brostrup Landstad, Pastorensohn aus Vinje und selbst Pastor in Seljord, gab 1853 seine große Sammlung „Norwegische Volkslieder" heraus. Ein alter Familienschmuck, im letzten Augenblick aus einem brennenden Haus gerettet — so hat er selbst dieses Werk charakterisiert. Am hellsten leuchtet das *Traumlied* in diesem Schmuck, ein großes Gedicht, das der spätmittelalterlichen visionären Dichtung in anderen europäischen Ländern eng verwandt ist und gleichzeitig so urnorwegisch mit seinen mächtigen Landschaftsbildern und seinem kräftigen Einschlag von Heidentum mitten in all den christlichen Vorstellungen von Himmel und Fegefeuer und Hölle. Vielleicht unser größter nationaler Schatz, wie er durch spätere Funde ausgefüllt und vervollständigt wurde. Wer es gedichtet hat, weiß niemand.

Wie die meisten anderen namenlos geblieben sind — hier und anderswo —, die in Wort und Ton oder mit Schnitzmesser und Pinsel gedichtet haben. Was sie schufen, wurde zu einer ständigen Quelle der Inspiration für die Jüngeren, von Ibsens und Griegs Zeit bis heute.

Ibsen — er kam aus Skien, war er nicht auch aus Telemark, auch er! Der Telemarking kann mit vielem protzen, wenn er will — und ab und zu will er das. Er weiß, daß er aus einem berühmten Landesteil stammt. Geht er z. B. da und dort in eine Gemäldegalerie, so findet er viele heimatliche Landschaften an der Wand. „In Telemark sind die Farben auf Goldgrund gemalt", sagte Henrik Sörensen, einer der bedeutendsten norwegischen Maler der jüngeren Zeit und ein leidenschaftlicher Liebhaber Telemarks.

Aber auch die Wiege des Skisports soll hier gestanden haben. Zwar sind Skier in allen norwegischen Orten des Binnenlands länger in Gebrauch gewesen, als irgend jemand weiß. Daß aber der Skilauf gerade hier zum Sport werden konnte, das versteht man, wenn man nach Morgedal kommt und die Hügel dort sieht.

Dieses Telemark vergangener Tage, das in vielen so romantische Vorstellungen erweckt, gibt es das heute noch? Ja und nein. Wer hierher kommt, um es zu finden — und die Reisebüros versäumen nicht, gerade damit zu locken —, kommt nicht vor ein Dornröschenschloß. Er trifft auch hier auf die moderne Zeit. Trockengelegte Flußläufe dorren im Talgrund. Starkstromleitungen überqueren Hügel und Berge, Autos aus aller Herren Ländern folgen einander dichtauf. Tankstellen und standardisierte Häuser in traurigem Einerlei. Kein Spielmann sitzt am Wege und streicht seine Fiedel. Mädchen in Tracht findet man an Werktagen nur in den zahlreichen Touristenhotels, die groß und gut ausgestattet sind. Sonnverbrannte und fein geschnitzte Stabbur stehen noch immer auf alten Höfen, doch nur zum Schmuck; sie haben keine Funktion mehr. Kaum ein falbes Roß, kaum eine rotgescheckte Kuh weiden noch um die Häuser; dagegen findet sich da vielleicht ein Traktor und ganz sicher ein Auto. Wenn noch jemand dort wohnt. Es heißt, daß in Norwegen täglich 14 Bauernhöfe aufgegeben werden. Sicher liegen viele davon in Telemark.

Klagegesänge nützen nichts. Das Leben, das die meisten Menschen früher hier führten, bestand wohl weniger aus Romantik als aus Armut und Schinderei — und daß sich das geändert hat, darüber kann man ja kaum weinen. Genauso wie man nicht allzu laut jubeln sollte, wenn man an einem Sommerabend sieht, wie eine Gruppe junger Leute in Trachten alte Volkstänze tanzt — dahinter steckt wahrscheinlich irgendein Reisebüro.

Und trotzdem... Trotzdem braucht man kein Vergangenheitsromantiker zu sein, wenn man wünscht und hofft, daß etwas von dem weiterleben darf, was das Besondere an Telemark und seinen Menschen war. Wenn man den größten Teil seines Lebens hier verbracht hat, glaubt man zu spüren, daß der schöpferische Geist, das Gemüt, aus dem Volkslieder und Fiedelmusik und alles andere entstanden, immer noch vorhanden ist und nach Ausdruck verlangt — und keineswegs nur in steriler Nachahmung.

Während ich dies schreibe, am Abend des Heilige-Drei-König-Tages, singt eine schöne junge Frau aus Telemark das Traumlied im Fernsehen. Vergangenheit? Ja, sicher. Und doch gleichzeitig lebendige Realität, mit der sie die Visionen des mittelalterlichen Dichters deutet.

Und noch eins: Es ist gut, hier Künstler zu sein. Sicher hat man einen von der Norm abweichenden Beruf, doch wird man deswegen nicht als Außenseiter angesehen. Man ist akzeptiert, hat Luft zum Atmen, findet Widerhall. Auch für das, was man schafft. Wer in Telemark vor eine Versammlung tritt und Gedichte lesen oder singen oder spielen will, der findet ein ungewöhnlich aufmerksames Publikum. Dichtung, Gesang und Musik haben hier immer zum Leben gehört, sind eine Art tägliches Brot gewesen, und so ist es heute noch.

Deshalb sind auch viele gerade hier hervorgetreten. Dichter wie Tarjei Vesaas und Aslaug Vaa, Bildhauer wie Dyre Vaa, Komponisten wie Eivind Groven und viele andere. Ihres Erbes und ihrer landschaftlichen Wurzeln wohl bewußt, alle miteinander; und doch selbständig schaffend und voll in ihrer Zeit stehend. □

Abendstimmung bei Skien im Herzen Telemarks

Foto: Toni Schneiders

Das Setesdal ist die andere berühmte Vorzeige-Landschaft Südnorwegens: Noch sind die wie mit der Laubsäge gebauten Häuser der Jahrhundertwende „heile Welt"

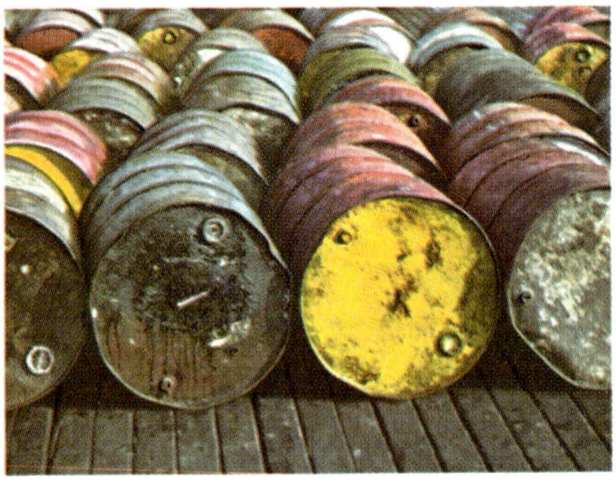

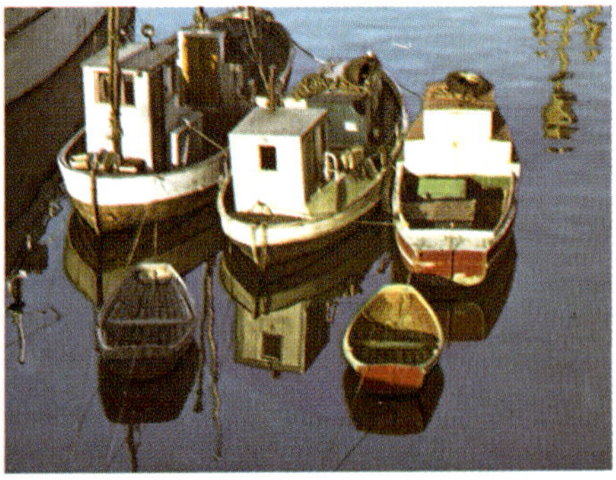

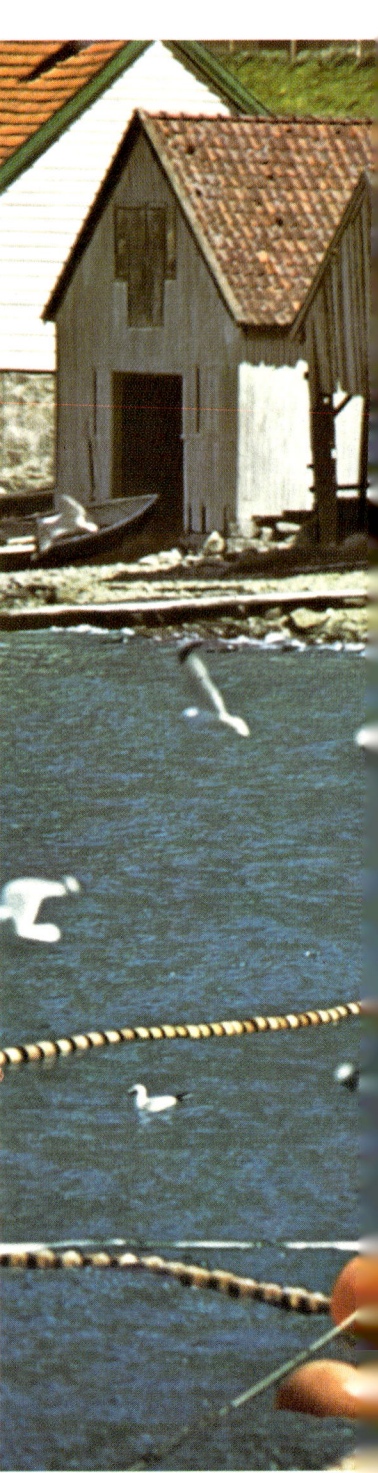

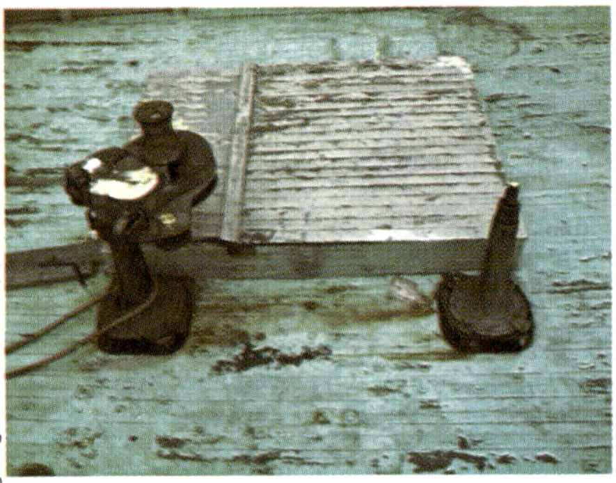

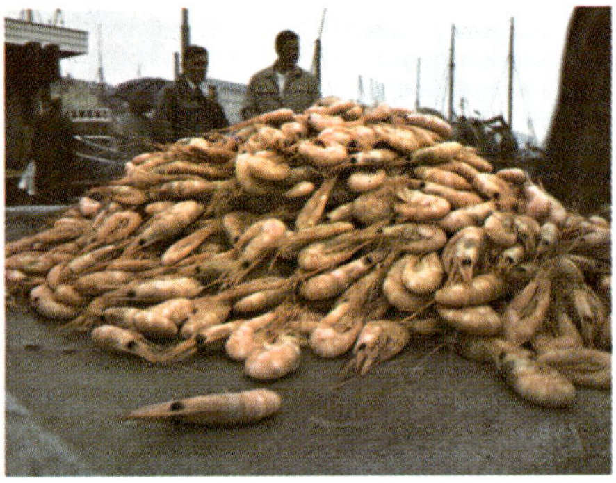

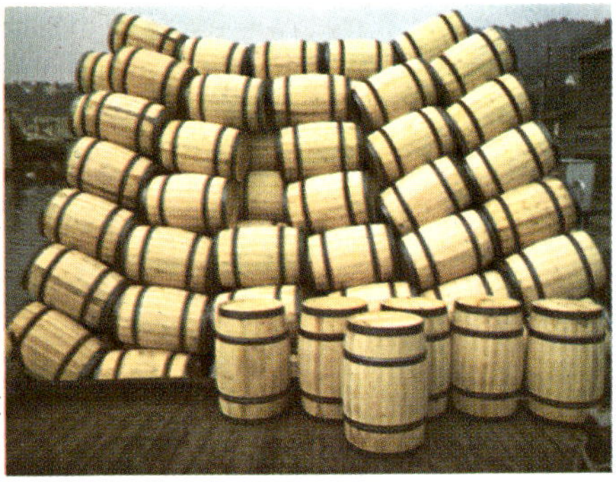

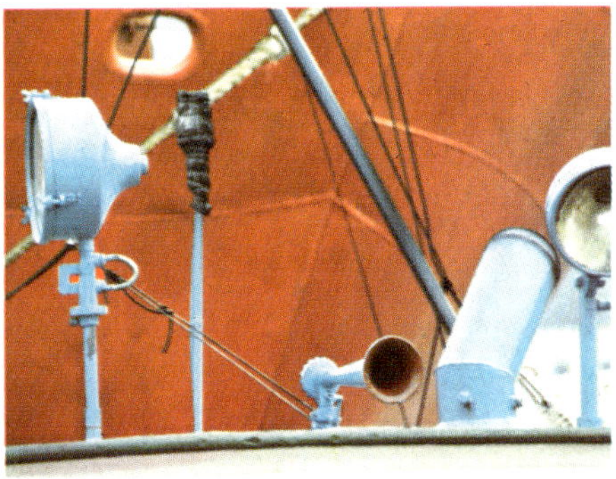

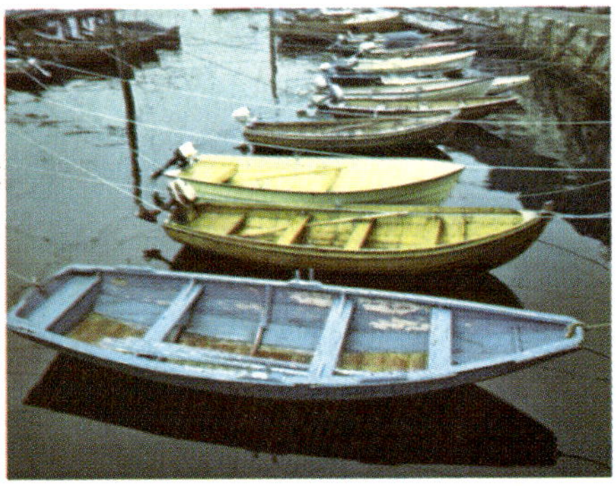

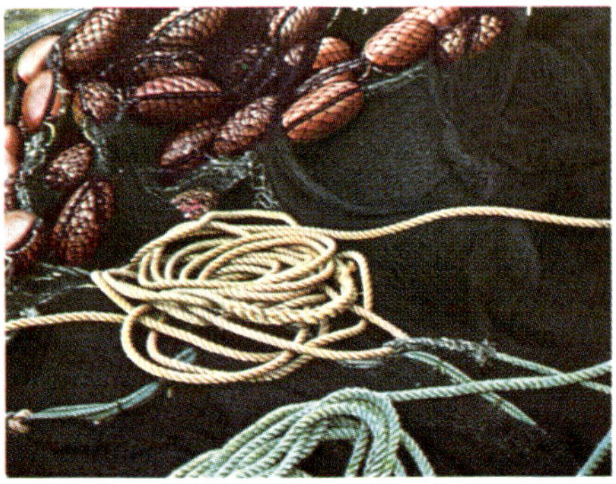

Fotos: Klaus D. Francke (1), Hans Meyer-Veden (5), Fritz Reese (5), Kim Hart (1), Wolfgang Mennicken (1)

Maritimes Kaleidoskop der Farben und Formen:
Ob in Mandal oder Stavanger, in Skudeneshavn oder Risör —
in der Fischer- oder Schifferzunft hat man seit je Mut zur
Farbe. Und das neue Kunststoffzeitalter mit Plastik-Bojen und
Synthetik-Tauwerk spielt da voll und ganz mit. Die Brisling-
Netze etwa (großes Bild), in denen die Sprottenfänge
lebend aufbewahrt werden, bis man sie verarbeiten kann,
sind auf dem dunklen Wasser nicht nur gut zu erkennen —
da täten es auch weiße —, sie bilden auch einen reiz-
vollen Farbakkord mit ihrem Ambiente. Ob Ölfässer oder
Heringstonnen, Sild oder Krabben, Tampen oder
Bootsanstriche — Farbfotografen kommen auf ihre Kosten

Stavanger – Leben in den Extremen

Von Peter Nonnenmacher

Wer nach Stavanger kommt, der wird zuerst vom Wind begrüßt. Das kann ein kalter, stürmischer Gruß sein – von der See hereingefegt in weiten Wellen grauer Regengüsse, gegen die man sich stemmen muß an März- und Novembertagen und die einen selbst in milden Augustnächten noch frösteln machen können. Da schaukeln, wild aufgerührt, die Lichter über den Straßen, krallen die Bäume sich tiefer in die Erde, torkeln Steine und leere Bierflaschen besinnungslos über die Kais.

Es kann aber auch ein sanfter Gruß sein; ein unmerkliches Blätterrauschen, eine leichte, unsichtbare Hand in den Haaren, der neugierige Blick einer weißgetupften Katze zwischen Holzzäunen hervor – ein Verhalten, eine Pause zwischen zwei Atemzügen der Natur. Wenig später, völlig unerwartet, kann die Stille wieder umschlagen in Sturm: Wetter und See treiben ihr Spiel mit der Stadt, die zwischen den Extremen, in der abgelegenen Südwestecke Norwegens, seit acht Jahrhunderten den Zeiten trotzt und beharrlich wächst.

Wächst und sich entfaltet um den alten Kern herum, das hügelige Altstadtgebiet zwischen Domkirche und Zollhaus, zwischen Skagenkai und Kjeringholmen. Mehr als in anderen Städten ist hier über die Zeiten gekommen und wird sorgsam bewahrt, und sei's um der Touristen willen: die reiche Vielfalt weißer Holzhäuschen mit ihren schiefen Giebeln und ausladenden roten Dächern, die verwinkelten Gassen rund um den Valbergturm, die alten Laternen, die Blumenkästen, das bunte Sortiment der Läden, das kleine Kino, das noch stolz „Filmtheater" heißt.

Im steinernen Dom, in dem gelegentlich Orgelkonzerte die Winternacht aufhellen, behandeln Restaurateure das Kanzelgold mit Wattebäuschchen und gedämpftem Lachen: geistliche Trutzburg des Mittelalters neben all den Bürger- und Lagerhäusern und Gartenterrassen späterer Jahrhunderte. Deren weltlichen Geist repräsentiert eher das Ledaal-Schlößchen, vor knapp 200 Jahren erbaut als Herrensitz der Patrizierfamilie Kielland, drüben am Breidablikk, ein Gebäude in vornehmem Rot, mit einer Parkanlage von klaren Linien und strenger Symmetrie.

Ein winziger Friedhof, der dem Park angegliedert ist, mehr Gedenkstätte als Familiengruft, gibt Auskunft über die historische Bedeutung der Kiellands in der großen Gesellschaft Stavangers, über den Einfluß des Patriziergeschlechts auf die Geschicke der Stadt. Die verwitterten Aufschriften dokumentieren Geburts- und Todestag des Konsuls Jonas Schanche Kielland wie des Kabinettskammerherrn Jens Bulle Kielland, des „Hofagenten" Gabriel Kielland und des Kapitänleutnants Jacob Kielland. Namen von deutschem und englischem Klang – Bull, Zedlitz, Smith – gruppieren sich um die Kiellands, Zeugnis für intensive Kultur- und Handelsbeziehungen über See bis in die Gegenwart hinein. Ein zweiter Jonas Schanche Kielland war noch in diesem Jahr-

Um 1100 baute ein Bischof von Winchester die erste Kirche, nach 1125 begann man den heutigen Dom. Stavanger ist eine alte Stadt, war lange Residenz der Dänenkönige. Heute ist es ein reger Handels- und Schiffahrtsplatz.

Stavanger: Lagerhäuser am Hafen; Fischer. Fotos: Meyer-Veden

Die Fjorde Südnorwegens — im Bild der Fedafjord bei Lista in Vest-Agder — sind nicht so grandios wie die nördlichen, dafür lieblicher, freundlicher

Foto: Fritz Reese

hundert Stadtoberhaupt, und 1963 erst verstarb der Museumsdirektor Thor Bendz Kielland: leitende Angestellte des Gemeinwesens Stavanger allesamt.

Die größte Berühmtheit freilich erlangte ein Kielland, der sich aufs Schreiben noch besser als aufs Handeln verstand. Alexander Lange Kielland, geboren 1849 und gestorben 1906, wurde zum wichtigsten Vertreter des norwegischen Realismus der 80er Jahre des vorigen Jahrhunderts, einer „unzeitgemäßen" Stilrichtung, die den Klerus hart annahm und sich für die Probleme der Arbeiter erwärmte. Der Patriziersohn – ein Rebell wider die eigene Klasse? Das Denkmal des späten Kielland, von der Bürgerschaft an herausragender Stelle am Markt über dem Hafen plaziert, verkörpert mit Zylinderhut und Spazierstöckchen eher jenen Typus saturierten Selbstbewußtseins und erhabener Gelassenheit, die den Kiellands wohl anstand; weit hinaus in die offene See, über alles Volk hinweg, scheint Kiellands Blick gerichtet.

In den kleinen Pensionen wohnen wochenweise Ölarbeiterfamilien, die Nomaden der Neuzeit, während in den großen Hotels der Dollar regiert und die „Ölleute" einander die Klinke in die Hand geben. Englisch ist Umgangssprache in Stavangers besseren Etagen. Das Abendessen in manch einer angenehmen Gaststätte – wie dem verwinkelt-schönen „Seehaus Skagen" – ist Sache einer finanzstarken, meist ausländischen Minderheit geworden. Dagegen findet man die Leute, die mit ihren Kronen haushalten müssen, allabendlich im Bahnhofsrestaurant wieder, wo sich, beim immer noch teuren Dünnbier, halb Stavanger die neusten Storys vom Ölabenteuer erzählt.

Nicht immer sind das erfreuliche Geschichten. Als im März 1980 eine Nordsee-Plattform im Frühjahrssturm kenterte und 123 Arbeiter in den kalten Tod mit sich riß, überlagerte plötzlich eine düstere Stimmung den Optimismus der Ölpioniere – ausgerechnet das Jahr, in dem Norwegens Millioneninvestitionen reale Gewinne zu tragen anfingen, in dem also das Ölgeschäft sich finanziell auszuzahlen begann, forderte eine solche Zahl von Menschenleben, riß das Leben so vieler junger Familien in Stavanger unbarmherzig in Stücke.

1980 wurde damit zum Einschnitt für Stavangers bedingungsloses Engagement im „Ölabenteuer", und dieser Einschnitt trug, ironisch genug, den Namen „Alexander L. Kielland". Daß das Unglück freilich die privaten und öffentlichen Nutznießer des Booms in ihrem profitablen Drange bremsen würde, durften selbst Skeptiker nicht erwarten. Während noch die roten Pontons des heimgeholten 10 000-Tonnen-Sargs im Stavangerfjord schaukelten, stellten Ingenieure und Arbeiter, ein paar hundert Meter entfernt nur, die nächste, ungleich größere, sechsstöckige Wohn- und Bohrplattform „Statfjord B" auf die Beine. „Statfjord C" – noch gewaltiger, noch profitabler, fast eine Welt für sich – war längst in Planung gegeben...

K önnten die steinernen Pupillen sehen, müßte sich auch dieser Alexander Kielland heute verwundert die Augen reiben. Das Bild des Fjords bestimmen längst nicht mehr die stolzen Dreimaster oder kleinen Fischerboote früherer Zeit, und selbst mächtige Frachter verblassen vor jenen riesigen stählernen Gebilden, die wie überdimensional-vielfüßige Spinnennester oder storchenbeinige betongraue Hochseestädte im Wasser und in den Werften liegen.

Denn Stavanger hat sich, in nicht viel mehr als einem Jahrzehnt, zur „Offshore-Kapitale", zum Zentrum der norwegischen Ölsuche, Ölproduktion, Ölausbeutung aus dem Kontinentalsockel der Nordsee verwandelt. Was Mitte der 60er Jahre probeweise begann, wurde 1972 vom Osloer Storting (Parlament) offiziell bekräftigt: daß die Öl-Aktivitäten Norwegens von Stavanger aus dirigiert und koordiniert werden sollten. Seither werden in Stavangers Werften Bohr- und Arbeitsplattformen immer neuer Dimensionen erstellt und überholt, wird von der staatlichen „Statoil"-Gesellschaft und den privaten multinationalen Ölkonzernen die Ausbeute des „schwarzen Goldes" in Stavanger geplant und die Planung vom Öldirektorat der Regierung, droben auf Lagaardsvejen, überwacht.

Mag auch der Vergleich Stavangers mit dem sagenhaften Klondike übertrieben, die Erhebung seiner Einwohner zu „Arabern des Nordens" eher ein spöttischer Scherz (mißgünstiger Schweden?) sein: Der Ölrausch der 70er Jahre hat die Stadt einschneidender verändert als die langen Jahrzehnte „vor dem Öl". 10 000 Menschen sind seit 1970 in die jetzt 90 000 Einwohner zählende Stadt zugezogen. Banken, Verwaltungsgebäude und Glaspaläste sind mitten in der Stadt aus dem Boden geschossen; die Gemeinde selbst, von Steuereinnahmen überschwemmt, hat sich ein futuristisch anmutendes Monstrum von Rathaus geleistet. Grundstückspreise und Mieten vervielfachten sich. Ein Heer junger Arbeiter und Glücksritter, erfahrener Techniker und versierter Konstrukteure, vornehmlich aus dem Norden, aus Großbritannien und den USA, ließ sich von den hohen Löhnen des harten Ölgeschäfts nach Stavanger locken.

S o lebt Stavanger weiter zwischen den Extremen, diesmal den Extremen des ausgehenden 20. Jahrhunderts: zwischen der Hoffnung auf den großen Reichtum und der Angst vor dem großen Unglück. Unfaßbarer, ungreifbarer allerdings als zu Patrizierzeiten ist die Macht, die heute die Stadt nach ihrem Maß umgestaltet. Eingezwängt in die Front alter Fassaden, stößt man etwa in der Bergjelandgata auf eine gläserne Neubaufront, modern und abweisend, fein ausgestattet und rund um die Uhr bewacht, in der die „Amoco Norway Oil Company" ihren Sitz hat: eine der Kräfte, die das norwegische Ölgeschäft vorantreiben. In derselben Straße – als müsse sich massiver Seelentrost um den materiellen Fortschritt schließen – liegen zugleich eine ganze Reihe freikirchlicher Niederlassungen, bescheidene Gebäude zumeist: das der Heilsarmee, der Missionsgesellschaft Salem, der Baptisten, des Apostolischen Glaubens, etwas abseits auch der Methodisten, der Inneren Mission, schließlich der Norwegischen Missionsgesellschaft. Der äußere Kontrast lebt vom unauflösbaren inneren Widerspruch – Gott und das Öl regieren offensichtlich Stavanger.

Denn während sich das Städtchen um seinen alten Kern, um seinen alten Glauben schart, wuchern an den Rändern die wunderlichen Insignien der neuen Macht: Öltanks, starr aufgereiht, Tankschiffe im Hafen, Werften, auf denen, solange der Boom anhält, immer neue Stahl- und Betonkonstrukte Gestalt annehmen, Bohrtürme, riesige Kräne, hundert Meter hohe Plattformbeine, um die ein paar winzige weiße Segel schaukeln, bizarre Säulen aus einer fernen Kultur vor den schneebedeckten Hängen über Stavangerfjord. Manchmal, in den Nächten, legt der Mond sein weiches Licht darauf: Ein monströser Meeresbahnhof, der da entstanden ist in Norwegens wildestem Westen – Ausgangsbasis für ein Unternehmen, das neben ungeahntem Reichtum noch kaum abschätzbare Belastungen mit sich bringt für die, die es zu tragen haben, die sich in ihm zurechtfinden müssen.

Stavanger ist wieder einmal auf dem Weg in eine ungewisse Zukunft. □

Bei Jössinghamn westlich Flekkefjord

Holz und Wasser, zwei Reichtümer Norwegens.
Auf dem Heddalsvatn bei Notodden

So steht es nicht im Baedeker

Badefreuden im Sörland **55** Sehenswürdigkeiten aus der Luft gegriffen **56** Im Zentrum von Oslo **57** Gastronomischer Wegweiser durch Oslo **58** Kurios – aber wichtig **59** Preise oder Was man vor der Reise wissen sollte **59** Vom Eisenbahnmuseum der Norges Statsbaner **60** Skulptur für Blinde **61** Wörterbuch der Kunst: Rosenmalerei **62**

Badefreuden im Sörland

Immer wenn im nördlichen Norwegen die Mitternachtssonne das Land erhellt, bemächtigen sich auch der im Süden wohnenden Norweger lebhafte sommerliche Gefühle. Schon an den Juni-Wochenenden und natürlich in den großen Ferien zieht es von überall her beinahe jedermann an die lockende Küste des Sörlandes, die solchermaßen zu einem einzigen großen Ferienlager ganz Norwegens wird.

Denn Sörland, das heißt Südland, und nirgends fühlen die Norweger nach einem langen Winter ihr Bedürfnis nach Wärme, nach sonnigen Stränden und flitzerndem Wasser so vollkommen befriedigt wie hier. Jetzt sind die „hytter", die malerisch längs der ganzen Küste in Wassernähe errichteten bunten Sommerhäuschen, bis aufs letzte Bett besetzt. Jetzt stehen auf den Campingplätzen die Zelte dicht beieinander, und auch Wohnwagen stellen sich ein. Jetzt entfaltet sich, wenn das Wasser im Lauf des Juni endlich warm genug wird (aber angeblich immer noch früher als am Strand von New Yorks Coney Island), typisches Badeleben nach Norweger Art.

Zugegeben – so warm wie an der Costa Brava ist es hier nicht, aber wenn die Sonne scheint, wird es richtig gemütlich. Das Wasser erreicht mit den 20 bis 23 Grad, die für Ende Juni bis über Mitte August hinaus als normal gelten, Werte, die auch an der deutschen Ostseeküste nur gelegentlich überschritten werden. Wärmer als im Ärmelkanal ist es hier, sagen die Norweger stolz. Freilich: wenn man genau hinschaut, stellt man fest, daß mancher badende Norweger sich in weiser Bescheidung nur bis zu den Knien ins kühlende Naß zu steigen. Denn je weiter vorwitzige Schwimmer nach draußen vordringt, um so frischere Strömungen erwarten ihn. So plätschert und planscht es sich ganz ergötzlich in Ufernähe. Erfrischt kehrt man auf Decke, Bademantel oder Gummimatratze zurück, auf denen die sonnenhungrigen Norweger und ein paar daruntergeratene Fremde die Küste genießen.

Und wo keine sandige Bucht zu finden ist, liegt man wohlig auf den vom Meer glattgeschliffenen Uferfelsen.

Was den Vorzug hat, daß man einen solchen Felsen meist für sich allein genießt, während die breiteren Badebuchten doch zu hochsommerlicher Zeit von mehr Norwegern auf einmal besucht werden, als man sie sonst in diesem dünnbesiedelten Land zusammen antrifft.

Wer auf der Suche nach einem Badestrand auf Nummer Sicher gehen will, fährt einfach nach Mandal, rund 50 km von Kristiansand entfernt, der heimlichen Hauptstadt des Sörlandes. Hier sind Sie in Norwegens südlichster Stadt. Die beglückt nicht nur durch ihren 900 Meter langen, vielbesuchten breiten Sandstrand, sondern verzaubert durch ihre alten, kopfsteingepflasterten Gassen, ihren behaglichen altväterlichen Marktplatz und das 1766 als Herrensitz ausnahmsweise in Sandstein errichtete Rathaus „Skrivergaarden". Dafür ist Mandals Empirekirche das größte hölzerne Gotteshaus des ganzen Landes. Übrigens stammt Gustav Vigeland, der genial-skurrile Bildhauer, von hier.

Läßt man, wie es üblich ist, das Sörland bei Kragerö/Risör beginnen, dann bietet sich bei der Fahrt nach Südwesten zuerst bei Arendal ein gutes Badegebiet. Fahren Sie von der stattlichen Hafenstadt mit ihrem eindrucksvollen hölzernen Rathaus von 1813 über die Brücke zur Insel Tromöy. Hier und auf den benachbarten kleineren Inseln läßt sich gut baden. Hinter Arendal sind die Bewohner von Fevik, das sich als Badeort gibt, davon überzeugt, daß ihre Strände, insbesondere Moysanden (mit Camping), die schönsten des Landes sind. Über Grimstad (wo Ibsen Apotheker war) erreichen Sie Lillesand, in dem – zum Unterschied von den anderen Küstenstädten – keine Brände die Pracht der zahlreichen alten Holzhäuser schmälerten. So blieb, angefangen beim hölzernen Rathaus aus dem 18. Jahrhundert, das beschauliche einstige Stadtbild weithin erhalten. Badestrände aber bieten die nicht weit entfernten Orte Brekkestö und Hövaag. Vor Kristiansand schmiegt sich noch die anmutige Badebucht von Hamresanden an die Küste, ebenfalls einen Campingplatz bietend.

Noch südlicher, in Richtung auf Mandal, folgt der nächste Strand bei Sögne – Aarosstranden. Wenn Sie Mandal verlassen haben, sollten Sie bei Vigeland Kurs auf die Landspitze von Lindesnes nehmen, den südlichsten Punkt Norwegens. Aber während diese Südspitze mit ihrem Leuchtturm recht felsig ist, liegt an der Strecke der schöne Strand von Spangereid. 400 m lang ist der Njervesanden. Noch einmal stoßen Sie bei Farsund, der schiffsreichen Handelsstadt, auf schöne Strandgebiete: 5 km von der Stadt entfernt liegen Lomesanden und Husebysanden.

Und auch das folgende Flekkefjord bietet außer dem reizvollen Bummel durch das alte Holländerstädtchen wiederum Badegelegenheiten.

Vergessen Sie aber nicht, daß neben diesen sozusagen offiziellen Badestränden fast überall längs der Südküste sich die Möglichkeit bietet, eine kleine, einsame Bucht mit vielleicht nur ein paar Metern Sand oder ein badefreundliches Riff aufzutun. Die Norweger ihrerseits fahren mit dem eigenen oder einem gemieteten Boot von einer der kleinen Hafenstädte hinaus, steuern eine der vorgelagerten Inseln oder Schären an, werfen Anker und baden einfach, wo es ihnen gefällt. Das läßt sich vom weniger meererfahrenen Besucher nicht ohne weiteres nachahmen, aber vielleicht

55

können Sie sich mit einem kundigen Norweger zusammentun. Dieses ganztägige Leben auf dem Schiff, bei dem das Bad zu einer von vielen Zerstreuungen wird — denn natürlich werden Sie auch angeln —, macht den Aufenthalt in Südnorwegen so ungewöhnlich. Sie dürfen ja nicht vergessen: Selbst hier im Süden geht um die Zeit der Sonnenwende die Sonne erst spät unter, und richtig dunkel wird es in solchen Nächten kaum. **Gerhard Eckert**

Foto: Klaus D. Francke

Badeleben an Norwegens Südküste

Sehenswürdigkeiten aus der Luft gegriffen

Nein — nicht die Museen. Sie „erledigt" man praktisch an einem gut vorgeplanten Tag, und ein effektiver Amerikaner „macht" sie wohl an einem Vormittag. Doch ein paar Einzelheiten stehen sicher nicht in den offiziellen Broschüren.

Das Munch-Museum etwa ist einen Besuch wert, aber in der Nationalgalerie ist dieser Maler auch sehr repräsentativ vertreten, zeigt sie doch viele Hauptwerke von ihm.

Die Vigelandsanlage gehört zu den Pflichtübungen jedes Touristen in Oslo, und wir wollen nicht davon abraten. Doch kürzen Sie Ihren Besuch ab — und gehen Sie möglichst gleich ins nahe gelegene Vigelandmuseum, um dort zu sehen, was Gustav Vigeland *wirklich* konnte. Denn glauben Sie nur nicht, daß die Norweger voll ehrfürchtiger Bewunderung vor der Anlage auf den Knien liegen. Edvard Munch nannte den Bildhauer einmal „Herr Grossist" — und dieser Gedanke liegt nicht fern, wenn man seine gigantische Brücke über den unschuldigen Frognerbach besucht.

Wer hier den Blick in die Ferne und über den Himmel gleiten läßt, wird diesen Anblick nicht so schnell vergessen; denn Oslo liegt in einer Pfanne, und diese Stadt, die sich mit so prachtvoller Umgebung brüsten kann, muß zu den europäischen Städten mit der schlimmsten Luftverschmutzung gerechnet werden: Eine Dunstglocke liegt über der Stadtmitte. Man hat nachgewiesen, daß es sich nicht nur um eine Selbstverschmutzung Oslos handelt, sondern auch um Schmutzschwaden, die aus den mitteleuropäischen Industriegebieten — und damit auch aus Deutschland — herangeführt werden.

Was Sie an der Osloer Luft eventuell anheimelt, ist hier wirklich einmal aus der Luft gegriffen.

Aber sonst ist die Luft nicht ganz so schlecht. Zwischen dem Ost- und dem Westteil der Stadt verläuft eine scharfe Grenze, der Akersfluß. Heutzutage sieht er wie eine Kloake aus, und es ist fast eine Ironie des Schicksals, daß sein unterster Teil jetzt in Rohre gefaßt ist. Geht man aber nun flußaufwärts, so kommt man zuerst in ein Viertel, in dem das Stadtbild des vorigen Jahrhunderts am besten bewahrt ist; oberhalb der Industrieanlagen gelangt man zu einer kleinen Perle von einem Fluß. Er kommt aber auch aus dem größten Trinkwasserreservoir Oslos — dem Mardalsvann, das auch zu den weniger beachteten Naturschönheiten der Umgebung gehört.

Der scharfsinnige Leser wird bemerkt haben, daß wir nur von Naturschönheiten sprechen und nicht vom Kultur- oder Vergnügungsleben. Das hat seinen Grund. Im Sommer herrschen in Oslo Kulturferien. Und frivole Abenteuer sind nichts für wohlerzogene Touristen. Dagegen dürfen sie nach Einbruch der Dunkelheit ruhig in den Schloßpark hinaufgehen, wenn sie nicht allein sind. Im großen und ganzen findet man friedliche Hippies, die sich dort im Gras aufhalten, doch gibt es auch weniger freundlich gesinnte Elemente. Nicht nur der Fremde hat ein eigenartiges Gefühl, wenn er die Gruppen von Gammlern sieht, während im Hintergrund die Königsstandarte friedlich über dem Schloß weht.

Weht die Standarte nicht, hält sich also Seine Majestät König Olav nicht im Schloß auf, dann kann man ihn auf Bygdöy im Königshof suchen.

Das ist ein großer weißer Hof mit roter Scheune, draußen weiden Pferde und Kühe, und unwillkürlich stellt man sich vor, daß König Olav — wie ein Märchenkönig — auf die Treppe hinaustritt, Krone, Hermelin und langer Pfeife und den Reisenden willkommen heißt. Übrigens: Warum eigentlich nicht?

Im Zentrum von Oslo

Gewöhnlich begibt sich jeder Reisende, der in eine fremde Stadt kommt, zuerst einmal ins Zentrum. In Oslo aber nicht. Die meisten glauben vielleicht, sie befänden sich im Zentrum, wenn sie am Storting stehen und über Oslos einzige Großstadtstraße zum Schloß blicken. In Wirklichkeit ist der Reisende hier mitten auf der Karl Johan weiter weg vom Zentrum, als er ahnt. Ja, wahrscheinlich gelangen nur wenige oder überhaupt keine Touristen zum eigentlichen Zentrum Oslos. Obwohl es sich lohnt.

So unglaubwürdig es klingt: Oslos „Stadtmitte" liegt weit draußen im Wald. Man braucht zwei Stunden, um dorthin zu gelangen – und muß auf das Auto verzichten. Denn in diesem Stadtzentrum besteht Kraftfahrverbot: in der Nordmarka, einem großen Waldgebiet, das unter dem Schutz der städtischen Behörden und der Einwohner steht, weil es zu den Naturschönheiten gehört, die Oslo unter den Hauptstädten der Welt eine einzigartige Stellung verschaffen. Viele Osloer haben den Wald vor der Tür und brauchen nicht erst hinzufahren, aber selbst von hier aus, von der Karl Johan, dauert die Fahrt – etwa mit der Holmenkollenbahn – nur eine halbe Stunde.

Die Holmenkollenbahn beginnt hinter dem Nationaltheater und fährt zuerst sieben Minuten unter der Erde. Ab Majorstuen, wo die Hochhäuser enden und die Villen mit ihren Gärten an deren Stelle treten, bleibt sie am Tageslicht. Sie steigt kräftig und erreicht nach einer Viertelstunde den Wald. Bald hat man zur Linken den Blick über Fjord und Hafen, und von Holmenkollen an sieht man dann außerdem den größten Teil des alten Stadtkerns. Die Skischanze dagegen sieht man nicht – sie ist eine Sehenswürdigkeit für sich. Auf der vorletzten Station steigen wir aus. Sie heißt Voksenkollen. Von hier aus begeben wir uns – immer noch bergauf – in Richtung Tryvannsturm, der wie eine Abschußrampe für Raketen anmutet, in Wahrheit aber der Osloer Fernsehsender ist.

Wir können eine kurze Rast einlegen und mit dem Aufzug zur Aussichtsplattform auf etwa 600 Meter Seehöhe fahren. Der Rundblick von dort reicht vom Gebirge bis zum Fjord. Wir können aber auch weitergehen, bergab an der Rödkleiva vorbei, die im Winter Oslos Slalomhang ist, steil hinunter zu einem typisch norwegischen Teich.

Wir haben seit Verlassen der Karl Johan eine Stunde gebraucht und müssen nur noch eine Dreiviertelstunde durch hügelige Waldlandschaft spazieren, um zum Zentrum zu gelangen. Unterwegs kommen wir an einer der sehr volkstümlichen Waldkapellen vorbei, die an einem nicht allzu christlich klingenden Ort liegt: beim Schlachter. Diese Waldkapellen sind bezeichnend für das noch immer leicht pietistisch geprägte Norwegen, da man in ihnen den Gottesdienst mit dem nationalen Laster vereinigen kann: mit Skiwanderungen im Winter und fröhlichen Waldwanderungen im Frühling und Herbst. Im Sommer ist niemand im Wald; da faulenzen die Osloer an den früher einmal klaren, salzigen Wogen des Fjordes.

Auf dem Weg über die letzten Höhenzüge sehen wir an verschiedenen Stellen Häuser und kleine Hütten; die einen lassen darauf schließen, daß hier im Wald Menschen gewohnt und sich durchgeschlagen haben, die andern, daß das Gebiet jetzt der Erholung dient. Während der Saison kann man einige dieser Hütten mieten, die meist Sportvereinen oder Clubs gehören.

Ohne es eigentlich zu bemerken, stehen wir dann plötzlich auf dem Blankvannsbråten, einem der wenigen bewohnten Höfe in Nordmarka, und damit genau mitten im 453 Quadratkilometer großen Gebiet, das die Stadt Oslo bildet.

Wir brauchen nicht den gleichen Weg zurückzugehen. Wir können auch Richtung Ullevålseter weiterwandern und beim Sognsvann herauskommen, wo wir wieder auf eine Bahn treffen, eine Bahn genau der gleichen Art wie die Holmenkollenbahn und mit derselben Endstation: dem Nationaltheater.

War es eine erlebnisreiche *Stadt*wanderung? Nein, eigentlich nicht. Doch kommt man ja auch nicht des großstädtischen Lebens wegen nach Norwegen – man kommt wegen der Natur. Und die findet man eben auch im Zentrum von Oslo.   **Finn Jor**

Holmenkollen, die berühmteste Skischanze der Welt

Gastronomischer Wegweiser durch Oslo

Nach Norwegen fährt man nicht des guten Essens wegen — und da tut man gut daran! Die norwegische Küche ist kräftig und kalorienreich, aber selten raffiniert. Jedenfalls sollte man außerhalb der großen Städte seine Erwartungen nicht zu hoch schrauben.

Herrn dort sitzen sehen, vor sich eine Flasche Rotwein und *zwei* Gläser, obwohl er ganz allein ist. Das zweite Glas ist für Gäste, und man wird öfters erleben, wie ein Freund oder Bekannter sich niederläßt und am Gästeglas nippt, ehe er weitereilt. Doch im großen und ganzen ist die Bohemezeit des Theatercafés vorüber; jetzt sind es meist die besseren Damen der Gesellschaft und die obere Mittelklasse, die sich an den ständig vollbesetzten Tischen drängen. Überquert man die Straße und geht die Karl Johan noch ein paar Meter hinunter, so kommt man zu einem anderen, nicht weniger pittoresken Künstlerrestaurant: *Blom.* Blom ist seit mehreren Generationen das feste Stammquartier der Künstlervereinigung. Humoristische Wappenschilder für jedes der Ehrenmitglieder der Vereinigung hängen an allen Wänden des intimen und malerischen Lokals. Künstler gibt es hier aber auch nicht viele, außer an Mitgliederabenden.

Frascati, Der erste Stock und Blom gehören alle zur oberen Preisklasse, das Theatercafé zur mittleren. Darüber hinaus hat die wachsende Internationalisierung Norwegens als Folge der Ölindustrie und des Einzugs der Gastarbeiter dazu geführt, daß es in der Hauptstadt eine Reihe kleiner, intimer Restaurants gibt, in denen man gut und nicht zu teuer essen kann. Eines der ältesten, das seit vielen Jahren auch als eines der allerbesten gilt, liegt am Anfang der Bygdö Allee: die *Bagatelle* des Franzosen Jacquet, wo der Eigentümer selbst über die Küche und das Wohl und Weh seiner Gäste wacht. Aber Achtung: Sonntags ist die *Bagatelle* geschlossen. Auch Gastronomen müssen sich ausruhen! Oder man geht in die *Runde Tonne* (Den Runde Tönne) am Youngstorget — im Sommer der Gemüsemarkt der Stadt; in der *Tönne* ißt man gut und preiswert.

Wo kann man in Oslo Fisch essen? Kenner werden sagen: in Bergen! Trotzdem hat auch die Hauptstadt ihr Fischrestaurant, *Fregatten,* das sicher einen Besuch wert ist. Doch auf die Gefahr hin, den Zorn aller Lokalpatrioten zu wecken, muß ich gestehen: Bergen ist unschlagbar.

Natürlich kann man während einer Stadtrundfahrt an und für sich überall essen. In der Holmenkollenschanze gibt es z. B. ein Selbstbedienungsrestaurant — das beste daran ist aber die Aussicht auf Stadt und Fjord. Vom *Frognerseteren-*Hauptrestaurant hat man eine fast ebenso schöne Aussicht wie vom *Tryvannsturm,* doch ist das Restaurant merkwürdigerweise in eine teure und eine billige Abteilung unterteilt. Also Vorsicht! Auch das *Holmenkollenrestaurant,* das unmittelbar unter der Schanzenauffahrt liegt, hat eine großartige Aussicht und dazu noch herrliches Essen!

Im Laufe des Urlaubs gibt es natürlich auch Tage, wo man sich sagt: Bisher habe ich zu viel Geld gebraucht, heute will ich einmal billig leben. In Oslo ist das nicht einfach, der hohe Lebensstandard hat nicht nur hohe Löhne, sondern auch hohe Preise mit sich gebracht. In einem guten Restaurant muß man damit rechnen, daß der Hauptgang beim Mittag- oder Abendessen an die hundert Kronen kostet, in der mittleren Preislage 50 bis 60 Kronen. Wenn man es einmal richtig einfach haben und dazu noch das Volksleben genießen will, dann sollte man sich zum *Café Utsikten* auf der Halbinsel Bygdöy durchfragen: Dort gibt es noch die Idylle, ursprünglich und nicht kommerziell — und Volksleben dazu.

Wenn man sich auf Entdeckungsreise in der Stadt befindet, sollte man einen Haken schlagen hinunter zum Hafen vor dem Rathaus, wo die Krabbenfischer anlegen und frisch gekochte Krabben verkaufen. Dort stehen die Menschen immer Schlange — verständlich genug, und für zwei Zehnkronenscheine bekommt man eine große Tüte frisch gefangener und gekochter Krabben.

Und nun zum Negativen: Auch wenn den Besucher in Oslo eine ganze Reihe wirklich guter Restaurants verlocken können, große wie kleine, so läßt sich nicht leugnen, daß Norwegens Hauptstadt jetzt zu den teuersten Städten der Welt gehört. Ein Glas Bier kostet zwischen 10 und 15 Kronen (!), und Wein kann den Touristen schnell ruinieren. In Norwegen gibt es scharfe Beschränkungen für Alkohol, der in besonderen Geschäften, dem Vinmonopol, gekauft werden muß — der Name spricht für sich. Dort kostet der allerbilligste Wein achtzehn Kronen die Flasche — kauft man den gleichen Wein im Restaurant, so liegt der Preis drei- bis viermal so hoch. Zum Ausgleich ist Norwegen wegen seiner guten Auswahl an Weinen berühmt; das Monopol führt dazu, daß das kleine Land große Mengen einkaufen — und damit ein wichtiger Kunde der Weingroßhändler sein kann. Und Wein kann man an jedem Tag kaufen!

Auch das ist in dem restriktiven Norwegen nämlich nicht selbstverständlich. An Sonnabenden und Sonntagen dürfen die Restaurants weder Branntwein noch Cognac oder Whisky ausschenken. In diesem Zusammenhang muß man mit Bedauern feststellen, daß nicht wenige Gastronomen Jacquets Auffassung von den Ruhetagen teilen, besonders im Sommer und an den großen Feiertagen. Die Zeitungen bringen genaue Übersichten über die geöffneten Restaurants; gute Hilfe bietet Touristen auch ein neu erschienener Führer — in mehreren Sprachen. Für Interessenten muß man vielleicht noch anfügen, daß die Geschäfte des Vinmonopols an Heiligabend, Karsamstag und Pfingstsamstag geschlossen sind — wie auch am Tag vor dem 17. Mai!

Gibt es in Oslo denn keine kulinarischen Spezialitäten? Die Antwort lautet: nein. Doch in *Norwegen* gibt es sie und nicht zuletzt im Restaurant des *Volksmuseums (Folkemuseet)* auf Bygdöy kann man „echt norwegisch" essen: Rahmbrei von dickem, saurem Rahm („römmegröt"), Pökelschinken, luftgetrocknete Hammelkeule und Flatbröd (das ganz dünn „Knäckebrot"), Gravlaks (vgl. hierzu das Rezept im Beitrag „Gravlaks und Fiskeboller") sowie andere Gerichte, die in Wahrheit auch für Norweger seltene Kost darstellen. In den Restaurants des Bauernverbandes, die alle „Kaffistova" heißen und in denen man weder Bier noch Wein bekommt, kann man auch „echt norwegisch" essen — doch daran muß man sich als Nichtnorweger schon ein wenig gewöhnen.

Kurios – aber wichtig

Wenn Ihnen eine Briefmarke auffällt, auf der Sie statt des gewohnten NORGE auf einmal NOREG lesen, so haben Sie damit nicht etwa einen seltenen Fehldruck erwischt, sondern sind mit der anderen Landessprache Norwegens, dem *Nynorsk* (Neunorwegisch), konfrontiert worden. Eigentlich könnte sie auch *gammelnorsk* (altnorwegisch) heißen, denn der Sprachforscher und Dichter Ivar Aasen (1813–1896) hatte um die Mitte des vorigen Jahrhunderts aus zahlreichen Dialekten entnommene altnorwegische Wörter zu einem Wörterbuch zusammengestellt, um dem aus dem Dänischen entwickelten *riksmål* oder *bokmål* (Reichs- oder Buchsprache) ein ganz eigenständiges Norwegisch entgegenzusetzen – eben das Nynorsk, das er anfangs auch *landsmål* (Landessprache) nannte. Damit entfachte er eine noch immer andauernde Auseinandersetzung, die sich mitunter zu einem richtigen kleinen Kulturkampf erhitzen konnte. Versuche, beide Sprachen zu einem gemeinsamen *samnorsk* – das zur Beseitigung der letzten Klarheit mitunter auch Bokmål genannt wurde – zu vereinigen, schlugen fehl. – Nynorsk wird heute in allen norwegischen Schulen gelehrt und von etwa einem Fünftel der Norweger auch gesprochen.

Dem Fremden sei empfohlen, sich bei Disputen über die Sprachenfrage höchstens mit unverbindlichen Bemerkungen („nein, sehr interessant" – „sehen Sie mal an!") zu beteiligen. Man kann da sonst leicht ins Gedränge kommen...

Die ganz alten Norweger waren verkehrstechnisch ihrer Zeit offenbar weit voraus. Ihr Gott Fröy soll, wie die Sage berichtet, ein Mehrzweckfahrzeug von erstaunlicher Leistungsfähigkeit besessen haben: das Schiff *Skibladner*., Wohin es auch fuhr, es segelte stets vor achterlichem Wind, nötigenfalls auch auf dem Lande. Es war zusammenlegbar und konnte in einer Tragetasche überall mitgenommen werden.

Auch heute gibt es einen „Skibladner", der allerdings nicht jene vorzüglichen Eigenschaften hat. So heißt nämlich das älteste noch verkehrende Schiff der Welt. Dieser 1856 gebaute Raddampfer, der inzwischen zweimal (1937 und 1967) gesunken ist und wieder gehoben werden konnte, verkehrt im Sommer auf dem größten Binnensee Norwegens, dem Mjösa (369 qkm), zwischen Eidsvoll und Lillehammer.

Ganz große Erfinder, wie etwa Huygens, Watt oder Edison, hat Norwegen vorerst noch nicht hervorgebracht. In diesem Zusammenhang sollte man aber doch zwei Norweger preisen, denen wir sehr nützliche Dinge verdanken: Johann Vaalen, der 1899 die Büroklammer erfand, und Thor Björklund, der uns 1925 den Käsehobel bescherte. **R. Horn**

Preise oder Was man vor der Reise wissen sollte

Die Norweger sind sehr stolz auf ihren Lebensstandard, der zu den höchsten der Welt gehört. Man vergißt dabei nur zu gerne, daß ein Zusammenhang zwischen Löhnen und Preisen besteht, und daß diese daher auch zu den höchsten in der Welt gehören. Wenn man z. B. in die Autowerkstatt muß, sollte man ganz nüchtern mit einem Stundenarbeitslohn von 120 Kronen plus 20 % Mehrwertsteuer rechnen. Andererseits kann es einem durchaus passieren, daß man während der Ferien überhaupt keine offene Werkstatt findet; die Norweger haben es nämlich so eingerichtet, daß die meisten großen Betriebe – und natürlich auch viele kleine, die direkt oder indirekt mit den großen zusammenhängen – ab dem ersten Juliwochenende gemeinschaftlich Urlaub machen (die sogenannten „fellesferie"). Er dauert drei bis vier Wochen. In den größeren Städten gibt es trotzdem einen gemeinsamen Werkstattdienst, über den Sie Auskunft erhalten bei den Fremdenverkehrsbüros und den Automobilclubs. Draußen auf den Straßen im Land patrouillieren außerdem die „Gelben Engel" der größten Automobilclubs, die kleinere Reparaturen an Ort und Stelle ausführen.

Die Autowerkstätten bilden aber keineswegs eine Ausnahme. In Norwegen spricht man von einer eigenen „Ferienmentalität", und böse Zungen behaupten, die Norweger seien nicht mehr so arbeitsam wie früher. Alle Ferien und Feiertage zusammengenommen haben die meisten norwegischen Arbeitnehmer jetzt mehr als 150 Tage im Jahr frei – also fast die Hälfte des Jahres. Die Ferienmentalität erstreckt sich außerdem nicht nur auf *ganze* freie Tage, sondern auch auf *halbe*. Im Sommer schließen die meisten Geschäfte um 16 Uhr, eine ganze Reihe schon um 15 Uhr. Danach kann man kaum noch Obst, Schokolade und Tabak kaufen.

Ein paar Ausnahmen gibt es: Ein großes Geschäft in der Nähe des Stortings (des Parlamentsgebäudes), eines in der großen U-Bahnstation und eines in einer kleineren sind mit Ausnahme des Sonntags (an dem auch sie geschlossen sind) jeden Tag bis 22.30 Uhr offen. An Weihnachten und Ostern sind die Geschäfte mehrere Tage nacheinander geschlossen – so brauchen die Bäcker z. B. eine ganze Woche Osterferien. Das heißt, daß man während dieser Zeit praktisch kein Brot kaufen kann.

Norwegenreisende finden bald heraus, daß die Preise hoch sind, aber dann ist es oft schon zu spät. Ohne Essen und Trinken kann man seinen Urlaub ja nicht genießen. Also ist für Autoreisende z. B. wichtig, etwas Proviant mitzunehmen, vor allem Fleischkonserven, denn Fleisch

Einkaufsbummel im Zentrum

Foto: Herzog/Foto present

und Wurstwaren sind sehr teuer. Fleisch bester Qualität kann auf 100 Kronen per Kilogramm kommen, und Wurst ist entsprechend teurer. Butter dagegen ist preiswert, das Kilo kostet 14–15 Kronen. Milch kostet ungefähr 2,80 Kronen pro Liter – ein Preis, der in einem krassen Mißverhältnis zum Butterpreis steht. Als

Souvenirs sind Zinnsachen am empfehlenswertesten, sie sind schön und billig. „Typisch norwegische" Pullover und Strickjacken gibt es in vielen Preislagen; in den Geschäften im Zentrum, in die Touristen meistens gehen, sind sie ziemlich teuer — ein Preis von 300 bis 400 Kronen ist üblich. Auch die „söljer" genannte besondere norwegische Form von Silberarbeiten gibt es in vielen Größen und Preislagen, auch wenn Silber in Norwegen wie anderswo recht teuer geworden ist.

Souvenirs braucht man ja nicht kaufen — ein Dach über dem Kopf kann man aber schwerlich entbehren. Leider ist die Hotelkapazität Oslos zu gering, und man sollte daher vorausbestellen. Hat man das versäumt, so wendet man sich am besten an den Zimmernachweis im Ostbahnhof. Und man muß darauf gefaßt sein, daß ein ganz gewöhnliches Einzelzimmer zwei- bis dreihundert Kronen pro Nacht kosten kann. Man braucht sich also nicht zu wundern, daß viele — etwa ein Drittel aller Osloreisenden — die Campingplätze der Stadt aufsuchen. Wenn das Wetter gut ist, erleben die Camper gratis noch etwas ganz Eigenartiges: Die „hellen Nächte" im Norden sind eben unvergleichlich. **Finn Jor**

Eisenbahnmuseum Hamar: Die Lok „Caroline" vor dem Bahnhof „Klöften"

Fotos: Eberhard Kunst

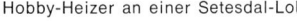

Hobby-Heizer an einer Setesdal-Lok

Salonwagen der Rörosbahn

Vom Eisenbahnmuseum der Norges Statsbaner zum Hobbyclub Setesdalbanen

In Hamar fand die norwegische Eisenbahngeschichte direkt am Mjösasee eine Heimstatt: Im Freigelände und in Hallen werden mit viel Liebe zusammengetragene Zeugnisse des norwegischen Eisenbahnwesens aufbewahrt.

Dazu gehört das alte Stationsgebäude „Klöften" der früheren Hovedbahn, der ersten Eisenbahnstrecke Norwegens, die von Oslo nach Eidsvoll führte. Das Gebäude wurde am 1. September 1854 in Betrieb genommen und „war im Dienst" bis 1925. Damals errichtete man einen neuen Bahnhof, und das alte Stationsgebäude kam ins Museum.

Über „Klöften" ist so manche Anekdote überliefert, darunter auch diese: Bei der Einweihung des Bahnhofs wurde einem gewissen Herrn Gornitzka vom englischen Bahndirektor Shaw folgender Vorschlag unterbreitet: Wenn er Stationsvorsteher würde, sollte er für jedes neugeborene Kind 100 Taler bekommen. Herr Gornitzka war einverstanden und bekam im Laufe seiner Dienstjahre 15 Kinder!

Der Bahnhof „Klöften" befindet sich heute in guter Gesellschaft: neben einer der ältesten Dampflokomotiven, der Lok NSB 16. Sie selbst ist allerdings nicht mehr fahrtüchtig, dafür aber ihre Zwillingslok „Caroline". Erbaut wurden beide 1861 von der englischen Firma Robert Stephenson in Newcastle. „Caroline" begann ihre bewegte Laufbahn auf den Schienen der Hovedbahn. 1927 entsprach ihre Leistung nicht mehr den Anforderungen: Sie wurde als Werkslok an eine Fabrik verkauft. Erst 1954 kam sie wieder in den Besitz der NSB und ins Eisenbahnmuseum. Der 1. September 1954 wurde ein großer Tag für die norwegische Eisenbahn und für „Caroline". Die NSB feierte ihr hundertjähriges Jubiläum, und die alte Dame aus England — mit einigen Personenwagen vorgespannt — dampfte mit eigener Kraft von Hamar nach Oslo. Hier holte sie König Håkon und die übrige Festgesellschaft von der Hundertjahrfeier im Rathaus ab.

Und im Jahr 1969 durfte sie sogar als Filmsternchen in dem englischen Streifen „Song of Norway" mitwirken: Wie in den Anfangsjahren der Hovedbahn zog sie da einen Zug von Oslo nach Eidsvoll. „Mitreisende" waren so berühmte Männer wie der Komponist Edvard Grieg und der Dichter Björnstjerne Björnson. Heute erfreut „Caroline" wieder im Museum zahlreiche Besucher.

Sehenswert sind auch die alten Salonwagen der Röros- und der Kongsvingerbahn. Betritt man den letzteren, fühlt man sich in das Viktorianische Zeitalter zurückversetzt. Da die Wagen zu jener Zeit noch sehr schlecht gefedert waren und die Züge nur eine niedrige Geschwindigkeit erreichten, legte man großen Wert auf eine möglichst bequeme Innenausstattung: Weiche Polster, dicke Teppiche, mit Seide bespannte Wände und viel Plüsch vermitteln den Eindruck höchsten Komforts. Dem Ziel höherer Reisegeschwindigkeit diente vor allem die Konstruktion der schwersten und imposantesten Dampflok Norwegens: der „Dovregubbe". Ihr Name sagt schon, wo sie eingesetzt wurde: in der Hochgebirgsregion des Dovrefjells. Dieses Hochgebirge überqueren die Züge von Oslo nach Trondheim. Erst die damals neu konstruierte 22 Meter lange Lok „Dovregubbe" mit ihren 2600 PS, gebaut von der Firma Thune in Oslo, erreichte eine Geschwindigkeit von 60–70 Stundenkilometern und somit eine Fahrzeitverkürzung um eine Stunde. Die im Museum ausgestellte „Dovregubbe", eine Weiterentwicklung der norwegischen Maschine, wurde 1941 von Krupp in Essen gebaut.

Nahebei liegt ein weiterer Teil Eisenbahngeschichte. Eigentlich ist es nur ein Stück Holz, das die Form einer Eisenbahnschiene hat, aber es sollte einmal der Verteidigung des Vaterlandes dienen. Als sich Norwegen 1905 von der Union mit Schweden lossagte, befürchtete man Krieg. Um den schwedischen Truppen den Vormarsch per Eisenbahn zu erschweren, wechselte man jeden Abend nach Passieren des letzten Personenzuges ein Stück Eisenbahnschiene gegen die erwähnte Holzschiene aus. Auf diese Weise hätten die Schweden im Ernstfall einige Züge und viel Zeit verloren.

Das Eisenbahnmuseum Hamar hat noch vieles zu zeigen, aber zum Schluß sollte der Besucher den Dampfzug der stillgelegten Urskog-Hölandsbahn besteigen, der heute schnaufend und fauchend eine 500 Meter lange Strecke im Museumsgelände befährt. Dann gleiten noch einmal die Sehenswürdigkeiten der norwegischen Eisenbahn, die hier zusammengetragen wurden, an seinen Augen vorüber.

Aber noch ein anderes Erlebnis hält Südnorwegen für Dampflok-Enthusiasten bereit, die „470 000 cm" lange Reststrecke der Setesdalbahn von Grovane nach Beihölen, die heute von einem Hobbyclub betrieben wird. Einst führte die Bahn 75 km weit nach Byglandsfjord. Auf einer Spurweite von nur 1067 mm folgte sie in gemütlicher Fahrt dem gewundenen Flußlauf der Otra: Vier Stunden dauerte die ganze Reise. Und doch erschloß erst diese Bahn das bis dahin äußerst unzugängliche Setesdal.

Wenn man mit diesem Dampfexpreß – bei Sonnenschein oder Regen – hinter dem Ort Kringsja den 123 Meter langen Tunnel durchfährt, dann taucht man tief in die Anfänge unseres technischen Zeitalters.

Eberhard Kunst

Skulptur für Blinde

Wer mit dem Auto von Göteborg nach Norwegen kommt, sollte auf gar keinen Fall an einer Sehenswürdigkeit vorbeifahren – falls man sie so nennen darf. In Skjeberg, etwa auf halbem Wege zwischen Halden und Fredrikstad, stehen nämlich die einzige Blindenskulptur der Welt und ein „Kulturgarten" für Blinde. So etwas hat immer seine Geschichte. In diesem Fall ist sie identisch mit der Geschichte des blinden Ziehharmonikaspielers Erling Stordahl. Er überwand seine Behinderung verhältnismäßig früh, wußte aber, daß es vielen seiner Leidensgenossen ohne fremde Hilfe nicht gelingt, den Glauben ans Leben wiederzugewinnen.

1962 begann er droben in Jotunheimen den ersten Blindenskikurs. Das wurde ein beinahe überwältigender Erfolg, und recht bald wurde daraus ein Skiwettbewerb für Blinde: ein 50-Kilometer-Langlauf, bei dem jeder Blinde von einem sehenden Teilnehmer begleitet wird. Später wurde daraus sogar eine „Ritterstafette" über 1300 Kilometer. Heute hat man diese Gedanken in vielen Ländern aufgegriffen.

Damit aber nicht genug. Nachdem 1966 eine Aktion auf nationaler Basis genügend Geld erbracht hatte, errichtete man in Beitostölen das sogenannte Behindertensportzentrum. Dazu gehören auch eine Turnhalle, ein Schießstand, ein Stadion, eine Bahn für Bogenschießen, eine Reitbahn und ein Paddelstadion, wo man auch Sportfischerei betreiben kann und vieles andere.

All das geschieht aber weit entfernt von Skjeberg. Doch dort liegt der Hof Storedal, den Erling Stordahl von seinem Vater geerbt hat. Und auf diesem Hof wurde vor ungefähr 850 Jahren ein norwegischer König geboren: Magnus der Blinde! Nie hat man ein Denkmal für diese tragische Königsgestalt errichtet, bis Erling Stordahl ein Gedanke kam. Dieser Gedanke entwickelte sich rasch weiter – wie die meisten Ideen Erling Stordahls. Er stiftete 30 Ar seines Hofes – hier sollte ein besonderer Park für Blinde entstehen, eine Art Kontaktmilieu, wenn man so will. Mit Hilfe vieler öffentlicher und privater Institutionen wurde das Gelände nun zu einem Park umgestaltet, in dem man die Natur nicht sehen, sondern *fühlen* soll.

Doch mitten in dieser eigenartigen Landschaft steht paradoxerweise eine Skulptur – 19,5 Meter hoch und also mit Hilfe der Hände überhaupt nicht zu fassen! Der Bildhauer Arnold Haukeland – einer der wenigen international bekannten norwegischen Künstler – meinte nämlich, daß man einen anderen, bei Blinden besonders entwickelten Sinn ansprechen müßte: das Gehör. Er nahm daher Verbindung mit einem der jüngeren norwegischen Komponisten auf, mit Arne Nordheim, der besonders mit elektronischer Musik arbeitet, und gemeinsam schufen sie dann das Werk, das jetzt in Storedal steht.

Der Grundgedanke war, daß man mit Tönen, die gefühlsmäßig dem Stahl verwandt sind, aus dem die Skulptur besteht, den Blinden ein Gefühl für das Werk geben müßte. Man wollte sozusagen die Skulptur mit Tönen „beleuchten" – und damit symbolisch über das Dunkel siegen. An der norwegischen Technischen Hochschule in Trondheim erarbeitete man in vielen Experimenten eine „Musikmaschine", die dergestalt funktioniert, daß das wechselnde Licht auf eine große Zahl fotoelektrischer Zellen einwirkt und diese Zellen ihre Impulse an eine elektronische Rechenmaschine weitergeben, die dann das Musikprogramm wählt, das das Licht jeweils „bestellt".

Wer so glücklich ist, auch das Augenlicht noch zu besitzen, kann sich also ein Bild davon machen, inwieweit diese „Tonmalerei" wirklich ein „Erlebnisbild" der Skulptur vermittelt.

Finn Jor

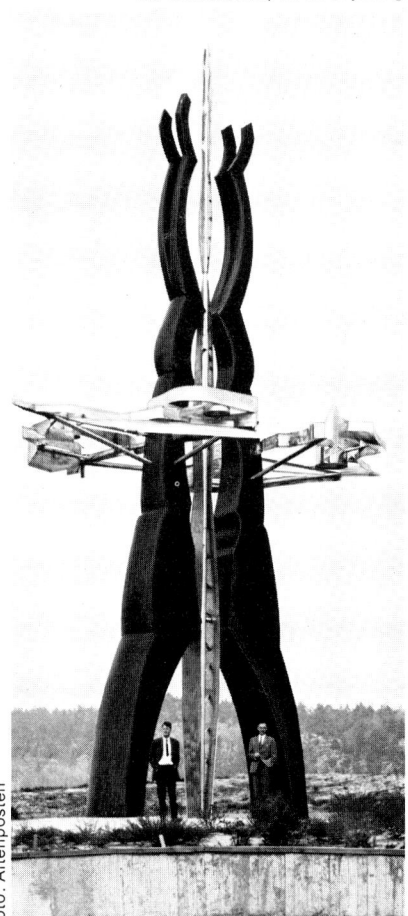

Die Blindenskulptur in Skjeberg

Wörterbuch der Kunst
Rosenmalerei

Detail einer Telemark-Truhe von Björn Bjaalid. Rechts: Truhendekor von Nikuls Buine, 1833

Im frühen Mittelalter gab es zwischen der sehr lebendigen Volkskunst und der mehr offiziellen Kunst keinen prinzipiellen Unterschied. Die Stabkirchen etwa waren oft von den Bauern selbst gebaut worden, und ihr dekorativer Stil wurde Gemeinbesitz; an Kirchenportalen fand er sich ebenso wie an den Türen der Wohn- und Vorratshäuser. Viele solcher Höfe aus dem 13. und 14. Jahrhundert stehen noch heute in einzelnen unserer Gebirgstäler, wuchtige Zeugnisse der reichen Bautätigkeit unter den Bauern jener Zeit.

Im Spätmittelalter, als Norwegen seine politische Unabhängigkeit verlor und wirtschaftlich zum großen Teil unter die Herrschaft der Hanse geriet, ging es auch mit der Bauernkunst abwärts. Entsetzlich waren die Auswirkungen der Pestjahre Mitte des 14. Jahrhunderts; zahllose Höfe verödeten, Felder und Pfade überwucherten. Jede größere Bautätigkeit unterblieb. Der rege Reiseverkehr des Mittelalters, die vielen Verpflichtungen einer starken Königsmacht, des Adels und der Kirche kamen ins Stocken; viele Ortschaften, besonders in den oberen Gebirgstälern, blieben ohne nennenswerte Verbindung mit der Außenwelt. Von da an erweiterte sich die Kluft zwischen der Bauernkunst und der Stadt- und Kirchenkunst ständig. Neben dem offiziellen Kunstimport aus den Hansestädten lebte die einheimische Holzkunst in den entlegenen Gebirgstälern unberührt fort.

Erst gegen Ende des 17. Jahrhunderts ändern sich in den bäuerlichen Gemeinden allmählich die Verhältnisse. Durch den starken Aufschwung der Städte seit 1600, der einen ständig wachsenden Bedarf an Waren und Diensten mit sich brachte, kam der Bauer wieder in einen engeren Kontakt mit der Außenwelt. Die zunehmende Holzbewirtschaftung bildete dann auch die Grundlage für seinen wirtschaftlichen Aufstieg, und vom Ende des 17. Jahrhunderts an konnte der Bauernstand auch seine soziale Lage ständig verbessern. Ja, in einzelnen Gegenden des Landes wuchs eine wahre Bauernaristokratie heran, die beste Voraussetzung für eine reiche Volkskunst.

Aber die Täler Norwegens sind voneinander abgesondert. Die neue Volkskunst wurde daher nicht zuletzt durch die stark schwankenden wirtschaftlich-geographischen Verhältnisse so reich und mannigfach — wechselnd von Talschaft zu Talschaft. An einigen Orten setzten sich neue Stilrichtungen schnell durch, an anderen Stellen hielt man am Alten zählebig fest.

Während die geschnitzte Akanthusranke im nördlichen Gudbrandsdal und weiter im Norden alles überwucherte, glühten in anderen Gegenden des Landes die Farben des Barock. Im Gudbrandsdal ließ das geschnitzte Dekor kaum eine Stelle für Malerei übrig.

Hallingdal und Telemark aber wurden die Heimstätte jener Kunst, die in Norwegen „Rosemaling" heißt. Über Truhen und Bierschalen, Wände und Decken breiten sich die Rosen aus — in einer Farbenorgie. Jene Rosenmalerei ist neben der Architektur, der Holzschnitzerei und dem Weben die Kunstart, die am stärksten zur Vielfalt der norwegischen Volkskunst beigetragen hat. Nach der ziemlich farblosen Bauernkunst des Mittelalters bricht die Farbenfreudigkeit des Barock über Südnorwegen herein wie eine Offenbarung. Auch die Rosenmaler — wie die Holzschnitzer — hatten keine Fachausbildung. Sie kamen von kleinen Höfen und fanden ihre Motive in Kirchen und Stadthäusern, die im Laufe des 17. Jahrhunderts mit farbenfreudigen Dekorationen, Akanthus, Früchten und Figuren, verziert worden waren. Die Bildmotive entnahmen sie Bilderbibeln und Flugblättern, und dazu stahlen sie dies und das von diesem und jenem. Das Bemalen mit Rosen wurde die sonderbarste Stilmischung, aber wenn auch Barockranke und Blumen die allgemeinen Leitmotive sind, fällt es dem Kenner nicht schwer, ohne weiteres zu sagen, aus welchem Teil des Landes die einzelnen Gegenstände stammen. Und Telemark, wo sich die vom Mittelalter geprägte Kunst so lange erhalten hatte, wurde ein Zentrum der Rosenmalerei. Es gab hier mehr Rosenmaler als irgendwo sonst, besonders in der Zeit von etwa 1750 bis 1850. Ja, diese Kunst ist heute noch nicht ausgestorben.

Zuerst wurden die Truhen und Bierschalen bemalt. In den Truhen verwahrte man ja die Kostbarkeiten des Hofes an Kleidung und Schmucksachen. Sie wurden von Generation zu Generation weitergegeben und als besonders wertvolles Erbgut betrachtet.

Die Bauern nahmen sich die Stadtbürger zum Vorbild und begannen bereits um das Jahr 1700, Namenskartuschen an die Vorderseiten der Truhen zu malen und die Deckel auch inwendig zu dekorieren. Lange dauerte es nicht, bis die Rosen die Kartuschen überwucherten. Der städtische Stil verschwand unter einer Fülle von Rosen und Farben. Auch Bilderszenen wurden verwendet, wie die alten Volkssagen von Roland, Kaiser Karl und anderen.

Eine besondere Vorliebe entwickelten die Rosenmaler für das Dekorieren der Bierschalen, von denen es auf jedem Hofe viele gab. Die großen Schalen wurden an Festtagen auf den Langtisch gestellt, und darin schwammen oben kleinere Gefäße zum Schöpfen. Letztere hatten in älterer Zeit häufig die Form eines Wikingerschiffes, später schnitzte man sie oft in Form von Enten oder Hühnern.

Es dauerte nicht lange, bis die Rosenmaler sich daranmachten, das gesamte Interieur, Schränke und Betten, Wände und Decken mit ihren Rosenranken zu überziehen. Viele solcher Innenräume sind noch erhalten — mit der Patina der Zeit. Als sie frisch bemalt waren, müssen ihre Farben eine wahre Schockwirkung ausgeübt haben; aber das war ja das Gepräge des Barock.

Der bedeutendste und bekannteste Telemark-Rosenmaler, Ola Hansson, hat von 1780 an und auch später eine stattliche Reihe von Bauernstuben dekoriert (vgl. Seiten 66/67). Die Barockranke ist sein Hauptmotiv, aber auch biblische Figuren und Fabeltiere treten auf, ja sogar die Dorfgeiger.

Wenn man die Rosenmalerei in Hallingdal und Telemark betrachtet, möchte man an das Wort Heinrich Wölfflins erinnern: „Den Pulsschlag des Volksgemüts muß man nicht in den großen schwerbeweglichen Formen der Baukunst suchen, sondern in den kleinen dekorativen Künsten." **Roar Hauglid**

Anton Schnack

Huldigung an Solveig

Ich wußte, daß in Norwegen die kleinen Mädchen Solveig (sprich Ssulvej) hießen und die Knaben Olav. Holzhäuser blinzelten mit einem Lichtauge durch die langen Winternächte. Auf der Schwelle erwartete die Braut den Postboten, der auf hölzernen Laufbrettern daherkam. Er hatte einen Brief, den ein Posthorn als Briefmarke zierte — für Solveig.

Solveig ist Sinnbild und Verkörperung der geduldigen und schicksalsergebenen Frau, die auf ihren Peer, den unruhigen und glücksuchenden Peter, vierzig Jahre wartet, um dann noch ein Liebeslied ihm zu singen. „Solveigs Lied" ist das oft gesungene und gespielte Stück aus der szenischen Musik, die Edvard Grieg zu Ibsens dramatischem Gedicht „Peer Gynt" komponierte.

Vielleicht heißt Solveig Kristall, Silberbraut, Silberhaar, Silberdistel oder Singdrossel, Singschwan, Singvogel, Sirene und Zauberin! Oder Sommersprosse, ganz einfach Sommersprosse, die in Amerika sehr beliebten und reizvollen „freckles". Oder es steckt im Namen ein Glassplitterchen, eine Schneeflocke, ein Eiskorn oder ein blinkender Tautropfen. Und wie wäre es mit Bachkiesel? Ein Bachkiesel ist glatt und lustig, manchmal ruhend und verharrend jahrelang, dann von Fluß-Schwelle zu Fluß-Schwelle rollend, vom steinigen Bergland hinunter in ein heiteres Wiesental.

Wenn eine junge Solveig durch die Straßen geht, geht ein Schein von Helligkeit mit, etwas Frohes, Freundliches, Gutes. Ich habe Solveig im Verdacht, eine Grille oder Zikade im Herzen zu tragen. Manchmal singt die Grille vor sich hin, ein schüchternes Lied von Treue und Liebe. Hast du schon einmal einen Regentropfen an einem Telefondraht hängen und laufen sehen, um plötzlich ins Bodenlose zu stürzen? Dieser Regentropfen erinnert an eine Solveig! Hast du schon einmal gesehen, wie herrlich ein Sonnenstrahl durch einen hängenden Eiszapfen im Winter blitzt? Dieser behende Blitz erinnert an eine Solveig. An eine Solveig erinnern Glas, Quarz und Bernstein; erinnern ein zutrauliches Vogelauge und der demütige Blütenblick eines Veilchens.

Solveig ist eine Urenkelin von Gunvor Tirekstochter. Diese Gunvor war eine nordische Urmutter; ein Gesicht wie verknittertes und regengraues Holz. Nun versunken und verloren in ewiger Nacht und schwarzer Sage. Unter dem geheimnisvollen Opedalstein soll Gunvor ruhen im versunkenen Reiche der Göttin Disablot.

Vielleicht ist das mädchen-kindliche Skelett einer bis in den Tod hinein treuen und ergebenen Sklavin, im vermorschten Wikingerschiff von Oseberg gefunden, eine Solveig, hingekauert zu Füßen der Königin Aase ...

Um 1908 tauchten Studentinnen aus Kristiansand und vergnügungssüchtige Malweiber aus Haugesund im bäuerlich-heiteren und bohemehaften München auf und leuchteten mit hohen Haartürmen oder flatternden Locken durch die Maximilianstraße. Ihre korallenroten Fischlippen warfen sie wie an Land geschwemmte Nixen durch das wogende Gewühl der Schwabinger Faschingsnächte. Der Dichter Christian Morgenstern sank vor einem dieser nordischen Eiskristalle in die Knie und stammelte verzückt: „Solveig ... Dein Mädchenbild! Du hast mich tief geehrt, als du's mir gabst ... Dein frommes Bild — ich bet' es an in Tränen; es soll mich deiner nie vergessen lassen, und wenn mein Stern mich ganz und gar verdürbe!"

Die in München herausfordernd herumschweifte, eine nordische Nixe oder Wasserfrau, hieß wahrhaftig Solveig und war die hübsche und berauschende Tochter eines Lehrers von Kongsberg am Langfluß. Ihre Jungmädchenjahre wurden vom raschen und schäumenden Geplätscher de

Hochzeit heißt auf norwegisch bryllup, Brautlauf. Auf der naiv-lebendigen Zeichnung, die dem Vest-Agder Fylkemuseum in Kristiansand gehört, erlebt man den ganzen Festestaumel zwischen Kirche und Hochzeitshaus, eine flaschenschwingende Kavalkade, Pfarrer, Mesner, Spielmann und Tanzende

weißgrünen Flusses durchrauscht. Erwachsen, fand Solveig Gefallen an der großen Stadt Christiania. Die andere Solveig war die zwielichtfarbene Tochter eines Kapitäns aus Bergen und hatte das Blut einer vor Jahrhunderten geraubten Französin aus der Girondemündung in den Adern.

Endlich verlockte ein junger norwegischer Kunstmaler die beiden Solveigmädchen in den Tumult von Schwabing, das Schlaraffenland der damaligen Schlawiner. In München verhockten die beiden Solveigs bierdunstige Morgen in der umgänglichen Taferlwirtschaft „Zum Donisl" und leckten mit spitzen rosaroten Zungen an Weißwürsten entlang, oder sie durchwehten großäugig die beiden Pinakotheken, tobten durch die Malerlustbarkeiten der Chiemseer Fraueninsel. Und fanden es außerordentlich schick, im Wirtsgarten des Klosters Andechs das von Mönchskutten gebrachte dunkle Bier aus Maßkrügen genießerisch durch die Nixenlippen zu ziehen. Tanzten als langhaarige Waldhexen durch den Ebersberger Forst und weinten bei Föhnwetter nach dem kühlen Gletscherwasser der Westlandfjorde in ihrer Heimat ... Und nachdem die Solveigs viele Gläser und Herzen gebrochen hatten, reisten sie wieder in ihr fjordzerrissenes und schärenfelsiges Norge, wo die Steine gegeißelt und zertrümmert sind von den gewaltigen Zangen der Eiszeiten und Vergletscherungen. In diesen Landschaften hörten die Solveigs den seufzenden Herbstregen im pausenlosen Niederfall, Tag und Nacht, und der von West auf Nord drehende Sturm rüttelte am Giebel und an den Fensterläden der Holzhäuser.

Wenn die Solveigs aus unruhigem Schlaf erwachten, horchen sie eine Weile ins Dunkel und versanken abermals in inen gequälten Schlaf mit den Spukbildern der Trolle und mit Ariel, dem geisterhaften Gott der Luft und Stürme.

Immer begegnet man irgendwo in Norwegen einer Solveig, einem hochgewachsenen und sonnenblonden Wesen. Sie ist nicht älter als zwanzig Jahre. Ganz bestimmt betritt Solveig mit dir zur gleichen Zeit in der Regen- und Meerstadt Bergen das Grieg-Haus und erweist dem Komponisten ihre kühle Bewunderung, weil er den Namen Solveig verherrlichte. Diese Solveig hat blaue Augen, die aus einem Hauch Veilchenblau, einem Hauch Lapislazuli, aus einer Spur Meeresbläue und einer Spur Bläue eines wolkenleeren Mittagshimmels im Sommer gemacht sind und unvergessen bleiben.

Immer ist irgendwo auf einem Fjord ein Schiff zur Ferienzeit, und auf dem durch die unbewegten Wasser rauschenden Schiff eine Solveig. Man wird die hohen geheimnisvollen Beine, wie Lianen unterm Minirock, nicht vergessen, den der erregte Fahrtwind um das Schiff mit schlüpfrigen Windfingern anfaßt und noch kürzer macht, verwegen kurz.

Immer webt irgendwo im Lande Norge eine geheime und stille Liebesgeschichte zwischen einer Solveig und einem Olav. Vielleicht ist der Schauplatz die in der Meeresbrandung schwankende Granitinsel Tjöme an der Südküste, unweit von Oslo.

Ein Ebereschenbaum, nahe der hochgetakelten Vrengen-Brücke, die Nötteroy mit Tjöme verbindet, leuchtet zur Spätsommerzeit ganz korallenrot, überschüttet mit hundert zierlichen Beeren. Unter diesem Baum ist der Treffpunkt von Solveig und Olav. Hier sitzen beide auf einem Büschel blühender Heide und zwitschern sich an. „Wie ging es dir am heutigen Tag, liebe Solveig?" fragt Olav. „Ich hatte Sehnsucht den ganzen Tag, liebster Olav!" flötet Solveig. Ihr Mund hat die Röte des Heidekrauts und der reifen Vogelbeeren. Bis der milchige Schein der nordischen Mittsommernächte die Insel verzaubert: Dann ist der Mund ein feuchter Rubin.

Stube aus Mellem-Ryen im Hedtal/Telemark, ausgemalt 1782 von Ola Hansson   Foto: Teigen

Stabkirchen

sind die ureigenste Architekturleistung Norwegens im frühen Mittelalter. Die Schiffbaukunst der Wikinger mit ihrer ausgeklügelten, elastischen Statik war sicher eine der Grundlagen ihrer Konstruktion: Der Winddruck bei Stürmen im Gebirge ist gewiß nicht ungefährlicher als der Wogenprall auf See. Professor Lorenz Dietrichson, der Erforscher (und damit Beschützer) der Stabkirchen im vorigen Jahrhundert, hat einmal einen Sturm, den er in der Kirche von Borgund erlebte, beschrieben: Wie die Kirche bei den ersten Stößen in allen Fugen krachte. Aber allmählich fanden sich die Baulasten organisch ineinander: Der Lärm wich einem rhythmischen Wiegen wie dem einer mächtigen Tanne. Das ist Holzbaukunst in höchster Vollendung.

Die tragende Funktion der Stäbe, der Masten, wird freilich dem altnordischen Haus, der Königshalle etwa, entlehnt sein, soweit wir uns von diesen nicht mehr existierenden Bauten aus Rückschlüssen ein Bild machen können.

Denn auch das Schmuckelement der reichen Schnitzornamentik greift fast überall auf den vorchristlichen Mythenschatz, auf Drachenkampf und Sigurdsage zurück. Die Kirche von Heddal bei Notodden in Telemark, die unser Bild zeigt, gehört zwar nicht zu den ältesten erhaltenen Stabkirchen: Sie ist kurz nach 1200 erbaut worden. Aber sie ist die größte und besonders sorgfältig restauriert worden.

Foto: Hans Meyer-Veden

Ragna Thiis Stang

Edvard Munchs Botschaft an die Menschheit

Unter den Vorläufern der modernen Malerei nimmt der Norweger Edvard Munch schon deshalb einen besonderen Platz ein, weil ihm sein Wesen, seine innerste Natur, jede Anpassung verbot: Er mußte „sein Herz offenbaren". In Berlin, in Paris, wo auch immer er malte – er blieb unverwechselbar in seinem Drang, die eigenen Seelenregungen und die der anderen aufzudecken. Sein Gemälde „Angst" (auf der gegenüberliegenden Seite) wirkt wie ein Aufschrei aller Gequälten.

Edvard Munch – er lebte von 1863 bis 1944 – fand in Deutschland schon Anerkennung, als weder Paris oder London noch in der eigenen Heimat seine Bedeutung als Bahnbrecher und Erneuerer begriffen wurde. Heute reicht seine Kunst über die Grenzen der Länder hinaus und spricht zu allen, ohne Rücksicht auf Rasse, Religion und Gesellschaftsordnung. Wie ist es möglich, daß ein vor über hundert Jahren geborener Maler solche Gewalt über die Seelen der Menschen gewann? Warum warteten etwa junge Japaner stundenlang vor den Museen, die seine Werke ausstellten?

Eine Erklärung des Geheimnisses ist wohl die, daß alles, was dieser Künstler schuf, selbst erlebt und durchlebt war. „Ich glaube nicht an eine Kunst", sagte er, „die nicht dem Drang des Menschen entwachsen ist, sein Herz zu offenbaren." Er vertieft sich so gründlich in seine eigenen seelischen Erfahrungen, daß sie auch für andere Gültigkeit erlangen, allgemeinmenschlich und zeitlos werden. Und es gelingt ihm, diesem Allgemeinmenschlichen eine künstlerische Form zu verleihen, die bezeugt, daß er nicht nur ein großer Seelenforscher, sondern auch – im einfachsten Sinne des Wortes – ein großer Maler war.

Daß Munch ganz besonders als Graphiker durch sein unermüdliches Experimentieren auch im Technischen ein Erneuerer wurde, beweisen seine unzähligen Lithographien, Holzschnitte und Radierungen, deren unmittelbar menschliche Botschaft mehr und mehr gehört wurde. Er träumte davon, die breite Masse mit seiner Verkündung zu erreichen, denn – so sagte Munch selber: „Das Werk eines Malers sollte nicht wie ein Zettel an der Wand einer Wohnung verschwinden, in der es nur ein paar Leute sehen." Bei diesem Ausspruch dachte er zweifellos auch an große dekorative Arbeiten an Orten, wo viele sie sahen. Ihm selbst war allerdings nur vergönnt, ein einziges Monumentalwerk zu schaffen: den grandiosen Bericht über Leben und Forschung in der Aula der Osloer Universität. Denkt man an diese Einstellung und an Munchs Ansicht, seine Kunst könne nie „Handelsware" werden, so wirkt es grotesk, daß seine Bilder – und besonders seine Graphik, die er so gern unter die Menschen verteilt wissen wollte – heute zu den höchstbezahlten Werten des Kunsthandels gehören.

Man muß Oslo besuchen, wenn man die Kunst Edvard Munchs in ihrer ganzen Vielfalt erleben will. Die Nationalgalerie besitzt 58 seiner Gemälde, unter ihnen einige der Hauptwerke aus den verschiedenen Epochen seines Schaffens. Der Künstler verkaufte seine Bilder nur ungern und schenkte der Stadt Oslo vor seinem Tode im Jahre 1944 alles, was er behalten hatte; etwa 1100 Bilder, 18 000 graphische Blätter, 4500 Zeichnungen, ganz zu schweigen von den inhaltreichen Sammlungen der Briefe und Notizen: 1963 konnte man das Munch-Museum endlich eröffnen, seine Schätze dem Publikum zugänglich machen und das umfangreiche Material Forschern aus aller Welt zur Verfügung stellen.

Im Jahre 1892 hatte der Verein Berliner Künstler den größten Skandal seiner fünfzigjährigen Geschichte erlebt: Edvard Munch stellte zum erstenmal in Deutschland aus, und seine Bilder schockierten Kritiker und Publikum in solchem Ausmaß, daß die Ausstellung nach einer stürmischen Vereinssitzung geschlossen werden mußte. Der „Fall Munch" führte zur Abwendung der jüngeren Mitglieder und zur Gründung der Sezession. Im Jahre danach plante Munch, der bis Herbst 1895 in Berlin blieb, eine Serie von Bildern, die von „Liebe und Tod" handeln sollten. Zehn Jahre später wurde er aufgefordert, diese Bilder „Aus dem modernen Seelenleben" in der Berliner Sezession zu

Edvard Munch: Das junge Modell, Lithographie von 1894

Beim Wein, Lithographie von 1925/26, nach dem Selbstporträt von 1906

Wir besitzen von Adolf Paul eine Entstehungsgeschichte dieses Motivs in Munchs Berliner Domizil: „Ich kam eines Tages zu ihm herauf. Er wohnte in einem möblierten Zimmer Ecke Friedrich- und Mittelstraße, der Polnischen Apotheke gegenüber, zwei Treppen hoch. Er malte gerade. Auf dem Bettrand saß ein nacktes Mädchen Modell. Sie sah nicht aus wie eine Heilige, schien aber doch unschuldig, keusch und scheu in ihrer Empfindung. Eben das hatte Munch gereizt, sie zu malen. Und wie sie so dasaß, von der strahlenden Frühlingssonne mit blendendem Licht übergossen, der Schlagschatten ihres Körpers hinter ihr schicksalhaft drohend, so malte er sie, mit aller Inbrunst, deren er fähig war, und schuf mit dem Bilde – er nannte es ‚Pubertät' – etwas Bleibendes, Allumfassendes, Tiefes und Lebenswahres..."

zeigen, eine Folge, die nicht nur vom Tod handelt, wie er uns im Sterbezimmer entgegentritt, und von der Liebe, wie wir sie zwischen Mann und Frau in so vielen Erscheinungsformen erleben, sondern auch von der „Angst", der Lebensangst, die aus Tod und Liebe erwächst. Der kleine europäische Kreis von Literaten und Künstlern, die den Geist des *fin de siècle* repräsentierten und sich selbst *dekadent* nannten, war von Lebensangst erfüllt. Zweifellos liegt die Wirkung Edvard Munchs heute, nach Hiroshima und allen die Menschheit bedrohenden Gefahren, auch darin begründet, daß jene Lebensangst inzwischen alle erfaßt hat.

Angst spricht aus den leeren, fahlen Gesichtern, die uns auf dem Bild wie auf dem unheimlichen Farbholzschnitt desselben Namens entgegenkommen. Und Angst wogt durch die Natur in den blutigen Wellen, in denen wir den Rhythmus des Jugendstils spüren.

In diesen Jahren der Krise, als Munch viel in Deutschland und überhaupt in Mitteleuropa herumreiste, sezierte er mit kühler Objektivität sein eigenes Wesen. In Weimar malte er 1906 sich selbst „Beim Wein". Grenzenlose Einsamkeit spricht aus der Gestalt im Clublokal, in dem am Vormittag kaum Menschen zu sehen sind. Er sitzt vor seinem leeren Teller und der Weinflasche, die ja eigentlich eine Ermunterung hätte sein sollen, müde und schlapp, mit erhobener Braue – und seine Isolierung wird durch die lange Perspektive noch gesteigert, die im roten Viereck hinter dem Kopf ihren Fixpunkt findet.

Der Erforscher der eigenen Seele war sich im klaren darüber, daß der Zusammenbruch nahe war. Als er aber einige Jahre später seinen autoritären, selbstzufriedenen, doch tüchtigen Arzt in der Nervenklinik malte, strahlt das farbenprächtige Bild Heiterkeit und den belustigten Protest des Patienten gegen den allmächtigen Chef aus. Dr. Jacobson betrachtete das Bildnis als Symptom der Krankheit, einer der Malerfreunde des Künstlers kniete jedoch vor ihm nieder und rief: „Gott im Himmel, das ist ja genial!" Das Bild Dr. Jacobsons ist eines der lebensgroßen Porträts der Freunde und Helfer, die Munch „die Leibwache" seiner Kunst nannte und zu denen außer anderen Deutschen auch Walther Rathenau und Harry Graf Kessler gehörten. Der Porträtmaler Munch sagte selbst: „Ich muß schießen, und wenn ich treffe, treffe ich immer ins Schwarze."

Munch äußerte öfter, er wolle hinter die Masken der Menschen dringen, und nicht zuletzt war es ihm darum zu tun, zu ergründen, was hinter seiner eigenen verborgen war. Seit Rembrandt hat wohl kein Künstler versucht, so sachlich und unbarmherzig wie er sein eigenes Ich zu erforschen. Er trennte sich nur sehr selten von einer seiner entlarvenden „Selbstanalysen", wie er diese Bilder zu nennen pflegte, und im Munch-Museum kann man ihn durch alle Phasen seines Lebens verfolgen, ihn in der „Hölle" und im „Inneren Aufruhr" sehen und endlich als müden, nackten Greis oder – im erschütternden „Zwischen Uhr und Bett" – bereit, dem Tode zu begegnen.

Der alte Meister mußte 1937 erleben, daß in Deutschland, wo ihm zuerst Verständnis und Zustimmung entgegengebracht und seine Werke für die weltberühmten Galerien angekauft worden waren, 82 seiner Bilder aus den Museen entfernt wurden. Im selben Jahr bezahlte der nun wohlhabende Munch dem begabten jungen Deutschen Maler Ernst Wilhelm Nay eine Norwegenreise. Während des Krieges malte er sich selbst, 78 Jahre alt, trotzig und voller Protest, in seinem Haus am Rande der Hauptstadt.

Im blauen Werktagsanzug steht der Greis, wach, angespannt und mit glühendem Gesicht vor einer warmen, rotgelben Wand. Doch die Natur vor dem Fenster ist winterlich, düster und kahl – im eroberten Land.

Wenn Sie eine Wochenzeitung suchen,

die Sie vom Höhenflug der täglichen Sensationsmeldungen sicher auf den Boden der wirklich wichtigen Ereignisse zurückführt;

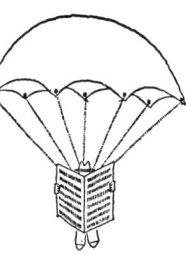

die Ihnen keine Meinung vorschreibt, sondern über Meinungen schreibt und Ihnen so Spielraum für die eigene Urteilsbildung (und sonstige Kreativität) läßt -

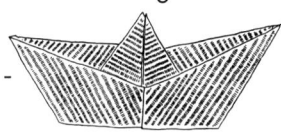

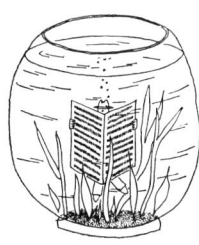

mit der Sie nur zwei bis drei Stunden in der Woche „auf Tauchstation" zu gehen brauchen, um ausreichend über alles informiert zu sein, was so in der Welt passiert;

dann sollten Sie das DEUTSCHE ALLGEMEINE SONNTAGSBLATT lesen. Es liefert Ihnen Hintergrundberichte, mit denen Sie vordergründige Informationen fest in den Griff bekommen.

DEUTSCHES ALLGEMEINES
SONNTAGS BLATT

Das Fazit aus sieben ereignisreichen Tagen

Bekanntschafts-Coupon
Bitte einsenden an: Deutsches Allgemeines Sonntagsblatt · Vertrieb
Mittelweg 111 · 2000 Hamburg 13

Ich möchte gern Bekanntschaft mit dem DS schließen. Schicken Sie mir doch mal kostenlos die neueste Ausgabe.

Name

Straße

PLZ/Ort

DS

Im Bannkreis der Universität

Um die Universität von Oslo (Bild rechts) herum konzentriert sich das Kulturleben des fast 1800 Kilometer langen norwegischen Reiches. Verlage, Museen und Theater, entstanden aus dem Opferwillen der Bürger, sind für das ganze Land richtungweisend. Darüber berichtet hier der Publizist Nic Stang.

Foto: Erika Groth-Schmachtenberger

Bis in die letzten Jahrzehnte des vorigen Jahrhunderts hinein war Norwegen ein provinzielles Land, das auf eine sonderbare Weise außerhalb Europas lag. Oslo hatte nicht den Zugang zur Welt, den Höfe und Könige in vergangenen Zeiten bedeuteten. Es ist bezeichnend, daß wir mit dem Wort „europäisch" das Mondäne, Moderne, Großzügige meinten — als ob wir selbst nicht zu Europa gehörten.

Kopenhagen war unsere kulturelle Hauptstadt gewesen und blieb es — im Gegensatz zu Stockholm — auf vielen Gebieten bis weit hinein in unser eigenes Jahrhundert. Abgesehen davon, daß wir uns 1811 eine Universität erkämpften, mußten wir in der Zeit der Union mit Schweden unter großen Mühen Institutionen aufbauen, die an Fürstenhöfen von Liliputstaaten eine Selbstverständlichkeit waren. Als Ibsen 1891 nach Christiania zurückkehrte, konnte er in der Stadt, die damals fast 150 000 Einwohner zählte und allmählich begonnen hatte, einer kleinen europäischen Hauptstadt zu gleichen, weder in die Oper gehen noch Ballettvorführungen besuchen oder gar Konzerte eines ständigen philharmonischen Orchesters. Wie die Werke der anderen Autoren des goldenen Zeitalters unserer Literatur erschienen auch Ibsens Dramen — trotz der immer stärker werdenden norwegischen Konkurrenz — bei Gyldendal in Kopenhagen. Das änderte sich erst, als die norwegische Abteilung Gyldendals 1925 von Norwegern erworben werden konnte. Und Weltliteratur war unserem Land — selbst meiner Generation noch — lange nur in dänischer Sprache zugänglich. Erst nach dem letzten Krieg wurden Goethes Faust und die Göttliche Komödie ins Norwegische übertragen!

Um zu illustrieren, wie klein die Verhältnisse in Oslo noch bis vor kurzem gewesen sind, wählen wir den einer der angesehensten Familien Christianias entstammenden, fast 84jährigen Professor der nordischen Literatur, Francis Bull, als eine Art Prototyp. Er wurde in der Universitetsgate, unmittelbar gegenüber der Nationalgalerie, geboren, besuchte eine Schule direkt um die Ecke und unterrichtete dort, bis er in die Universität, ein Stück weiter unten in derselben Straße, umzog. Gerade er hatte sich leidenschaftlich für den Ankauf der norwegischen Abteilung Gyldendals eingesetzt und war bis 1967 Vorsitzender der Direktion des Verlags Norsk Gyldendal, dessen Geschäftslokale sich neben dem Haus befinden, in dem der Professor seine Jugend verbracht hat. Auf einem kleinen Platz in allernächster Nähe liegt unser anderer großer Verlag, Aschehoug, und auch sonst ist nahezu unser ganzes literarisches Milieu — Verlage, Zeitschriftenpresse, die Hauptorgane der politischen Parteien und damit ein wesentlicher Teil der Kulturpublizistik — an die Hauptstadt gebunden. Kaum nötig hinzuzufügen, daß auch Hör- und Fernsehfunk ihren Sitz in Oslo haben und so das literarische und künstlerische Leben der Stadt bereichern.

Bei der dünnen Besiedelung unseres Landes, das die Größe Italiens, aber nur rund vier Millionen Einwohner hat, ist Oslos kulturelles Leben für Norwegen von größter Bedeutung und hat denen, die ja letzten Endes das Ganze bezahlen, nicht wenig zu bieten. Ziehen doch die vielen zentralen Institutionen wesentliche Potenzen des ganzen Landes an sich.

Die Osloer Universität, nach und nach so ausgebaut, daß sie mit den Universitäten anderer Länder verglichen werden konnte, war bis nach dem Krieg Norwegens einzige. Das bedeutet, daß sie, natürlich außer einigen Spezialinstituten in anderen Landesteilen, unser gesamtes Beamtentum und wissenschaftliches Leben formte. Sogar die vielen Bauernstudenten dieses „Landes ohne Städte" wurden von der Hauptstadt geprägt, und die Beamten spielten in einem Land, das keinen Adel und nur eine sehr kleine Oberschicht hatte, eine größere Rolle als in anderen europäischen Staaten.

Wenn Professor Bull auf der monumentalen Treppe der Universität steht, sieht er direkt aufs Nationaltheater. 34 Jahre lang war er im Vorstand dieses Theaters, leider auch während der Zeit der deutschen Besetzung, und da er wenig Lust hatte, nach der Pfeife der Nazis zu tanzen, brachte ihm sein Ehrenamt drei bis vier Jahre Gefängnis und Konzentrationslager ein. Das Nationaltheater, das 1899 das Christiania-Theater ablöste, verdankte seine Entstehung dem Opferwillen der Bürger und dem Enthusiasmus von Björn Björnson, dem Sohn Björnstjernes, der sich an deutschen Theatern ausgebildet hatte.

Mehr als alle anderen Theater des Landes hat es dem norwegischen Publikum fremde und heimische Schauspielkunst vermittelt, und hier, in der „guten Stube" Norwegens, wie das Theater genannt wird, wurden alle großen Ereignisse — wie die Rückkehr des Königs und der Regierung nach den Jahren der deutschen Okkupation — gefeiert. Heute hat auch dieses Theater seine kleine Experimentierbühne im Dachstock, wo neue, umstrittene Stücke aus der ganzen Welt aufgeführt werden. Auf der anderen Seite der Straße liegt das Theatercafé, das schon seit zwei Menschenaltern das Premierenpublikum in seiner berühmten „annen etasje" bewirtet, während große und kleine Literaten das Erdgeschoß beherrschen.

Die zweite Hauptbühne der Stadt hat eine stürmische Geschichte und muß im Grunde auch als eine Art Nationaltheater betrachtet werden. „Det Norske Teatret" wurde in der Zeit des erbittertsten Streites um die Anerkennung der neunorwegischen Sprache geschaffen, die heute längst unsere zweite, gleichberechtigte Sprache ist. Durch die Leistungen hervorragender Regisseure entwickelte sich dieses Theater, das ursprünglich in erster Linie volkstümliche Stücke gespielt hatte, zur Avantgarde-Bühne, in deren Repertoire heute die größten Werke der Weltdramatik zu finden sind, die aber auch Musicals spielen kann. Ihr Sieg über das sprachlich konservative Publikum der Hauptstadt kann als Beweis für ihre künstlerische Qualität gelten.

Das dritte Theater der Stadt war ursprünglich ein privates Theater literarischer Prägung. Heute ist das „Oslo Nye Teater" ein gut geleitetes Lustspieltheater, das über ausgezeichnete Schauspieler verfügt und von der Stadt Oslo betrieben wird, die es mit dem „Folketeatret" zusammenschloß. Dessen Bühne wurde nämlich 1959 der ersten ständigen Oper Norwegens überlassen. Oper und Ballett hatte es ja hauptsächlich in Fürsten-Staaten gegeben, unter anderem auch, um die Höfe mit Geliebten beiderlei Geschlechts zu versorgen. Einen solchen Luxus konnten sich die guten Bürger Oslos nicht leisten, und obgleich am Ende der Saison im Nationaltheater gelegentlich Opern aufgeführt wurden, arbeiteten unsere Sänger und Tänzer im allgemeinen im Ausland und kamen nur nach Haus, wenn bestimmte Engagements ihrer harrten.

Die Opernfrage war lange ein trauriges Kapitel, da es nicht möglich war, Oper und Ballett nur mit Hilfe opferwilliger Privatpersonen aus dem Boden zu stampfen, und da das norwegische Storting, zumal wenn es um andere ging, immer eine ziemlich puritanische Versammlung gewesen ist. Vor der Entstehung des Opernballetts hatten wir nur private Ballettschulen. Charakteristisch für die Rolle, die das Ballett in diesem Lande spielt, ist, daß — trotz der Erfolge des Opernballetts im In- und Ausland — das interessanteste norwegische Nachkriegsballett von einem enthusiastischen und nur zu einem bestimmten Zweck zusammengestellten Ensemble geschaffen wurde. „Der Sonne entgegen", eine Paraphrase über das dramatische Leben Edvard Munchs, ist im Begriff, sich trotz organisatorischen Schwierigkeiten zu einem Welterfolg zu entwickeln.

Auch die Ausbildung der Schauspieler war Privatsache, bis die beiden führenden Osloer Theater nach dem Krieg ihre Schauspielschulen gründeten, die 1953 zur „Statens Teaterskole" vereinigt wurden. Zum Studium gehört eine praktische Lehrzeit an einem Osloer Theater oder an einer der staatlich unterstützten Bühnen außerhalb der Hauptstadt.

Die Erneuerung des norwegischen Theaters in der Nachkriegszeit ist auch dem wachsenden Verantwortungsgefühl des Staates für kulturelle Belange zu verdanken. Schon 1949 wurde das „Reichstheater" als reisendes Staatstheater gegründet und hat — neben Rundfunk und Fernsehen — dem Theaterinteresse im ganzen Land unschätzbare Anregungen vermittelt. Voriges Jahr veranstaltete dieses Theater allein sieben eigene Tourneen mit 387 Vorstellungen.

Endlich ist auch für das Musikleben ein neues Interesse erwacht. Während das Sinfonieorchester Bergens (Musikselskapet Harmonien) schon 1769 gegründet wurde, bekam Oslo erst 1919 seine „Filharmonisk Selskap", die aus dem hervorragenden Orchester des Nationaltheaters hervorging. Bis vor kurzem war jedoch der höhere Musikunterricht einer privaten Stiftung überlassen und lag von 1883 bis 1969 in den Händen dreier Musikergenerationen Lindemann. Und auf die Musikhochschule warten wir noch heute; die Politiker gaben einer Hochschule für Bewegungserziehung den Vorrang.

Professor Bull, wir sagten es, wurde gegenüber der Nationalgalerie geboren. Bei der Gründung jener Galerie in den dreißiger Jahren des vorigen Jahrhunderts war unser großer romantischer Maler, der Dresdener Professor Johan Christian Dahl, eine der treibenden Kräfte. Außer einer besonders reichen französischen Abteilung brachte man im Lauf der Jahre eine einzigartige Sammlung norwegischer Kunst zusammen, zu der heute viele Hauptwerke Edvard Munchs gehören. Seit mehr als einem Menschenalter beherrschen Künstler das Komitee, das die Einkäufe vornimmt: Meiner Meinung nach die demokratischste Organisation der Welt, indem nämlich jene Künstler Stimmrecht erhalten, deren Werke von der Nationalgalerie angekauft wurden oder die fünfmal an der Staatlichen Herbstausstellung teilgenommen haben, deren Jury von ihnen selbst gewählt wird.

Die offizielle Herbstausstellung entstand übrigens als Protest gegen den alten vertrockneten Kunstverein, der wenig Sinn für all das „Abscheuliche" hatte, das die unbürgerlichen zurückgekehrten „Pariser" in die borniert kleine Hauptstadt mitbrachten. Daß sogar der Staat den Protest unterstützte, darauf sind wir stolz. Seit 1930 findet die Ausstellung alljährlich im „Kunstnernes hus" statt, wo die Osloer in repräsentativen Kollektivausstellungen auch über künstlerische Strömungen des Auslands orientiert werden.

Auf Hövikodden bei Oslo schließlich wirkt seit sieben Jahren ein beunruhigendes Element im norwegischen Kulturmilieu: Ganz und gar unprovinziell ist die Stiftung der Eislaufkönigin Sonja Henie und ihres Mannes — mit der eigenen großen Sammlung heutiger Kunst als Kern; das Henie-Onstad-Kunstzentrum zeigt in seinen modernen Räumen in stetem Wechsel die neuesten Kunstrichtungen.

Von der Reichsgalerie wäre noch zu sprechen, die 1953 mit ihrer Arbeit begann. Sie hat ihren Sitz in Oslo und schickt ihre Ausstellungen in alle Teile des Landes. Wenn sie ihre Runde beendet haben, werden die Ausstellungsgegenstände an verschiedene kleinere Orte verteilt, die auf diese Art ihre ersten Sammlungen moderner Kunst erhalten. Voriges Jahr hielt die Reichsgalerie nicht weniger als fünf Ausstellungen ab, die an 219 Orten gezeigt wurden. Einen interessanten Beitrag zu dieser Arbeit leistet das Munch-Museum, das in vier Städten und an zwei kleineren Orten des Landes Doubletten seiner graphischen Blätter deponiert hat.

Vor sieben Jahren gesellten sich zu Reichstheater und Reichsgalerie die Reichskonzerte, die im Begriff sind, eine öffentliche Institution zu werden. Das alles bezeugt, daß sich der Staat und seine Hauptstadt in immer größerem Ausmaß der kulturellen Verpflichtung dem Land gegenüber bewußt sind. Auch auf diesem Gebiet versuchen wir, in die Praxis umzusetzen, was wir „Distriktspolitik" nennen: vielen Bewohnern abgelegener Gegenden die Teilnahme am kulturellen Leben des Landes zu ermöglichen.

□

Tief hinein ins Land der Wikinger

Norwegens Hochsommer: sechs Wochen Überbelichtung.
Wie man in dieser Spanne intensiven Daseins den Traum vom einfachen Leben verwirklicht,
erzählt Lise-Melanie Elwenspoek.

Es ist Mitte Juli. Nach zehntägigem Aufenthalt verlassen wir Oslo. Wir, die Besucher vom Kontinent, haben eine Einladung auf einen Gebirgshof im südlichen Landesinnern. Man will uns das typische Sommererlebnis des bewußten Norwegers vermitteln: das einfache Leben.

Wir fahren auf schmalen, geteerten Straßen, die kilometerweit eine ununterbrochene Mittellinie haben. Durch Kurven, über Hügel und Senken fahren wir in der Schlange hinter vorsichtigen Autoreisenden her, 60 Stundenkilometer und weniger, auf einer Hauptstraße, die von Oslo über Drammen nach Kongsberg und weiter ins Land hineinführt. Bald hinter Notodden mit seinen vielen Fabrikschornsteinen verlassen wir die rot eingezeichnete Straße, die Teerdecke hört auf. Aber der Weg bleibt gut, festgewalzt, relativ breit führt er in Serpentinen in die Berge hinein. Sturzbäche aus den Felsen, von Betonbrücken überspannt, die im Winter ab und zu weggerissen werden, die man beharrlich neu aufbaut, denn eine Omnibuslinie erschließt das kleine Tal der Welt.

Norwegische Straßen sind gesäumt mit Kamille, Bocksbart und Weidenröschen. Je tiefer wir in die Berge gelangen, um so tiefer ist das Rot der hohen Stauden. Im geschützten Sonnenwinkel einer ehemaligen Poststation prangt ein unbeschreiblich farbiger Garten: Es blühen Pfingstrosen neben Dahlien, der Rittersporn neben der Chrysanthemenaster, der Eisenhut zusammen mit der Sonnenbraut und dem Fingerhut. Dazu alle die Einjährigen: Verbenen und Eschscholtzien, Portulak und Salvien, Lobelien und Kapuzinerkresse, Löwenmaul und Zinnien.

Das alles und vor allem die farbenprächtigen Trichter der Petunien lassen mich einige Vorurteile revidieren: Sie haben hier einen Sommer, der dem auf dem Festland überlegen ist. Sonnenbestrahlung von vier Uhr morgens bis neun Uhr abends. Der Sommer drängt sich gewaltsam in sechs Wochen Überbelichtung zusammen. Die reifen Blaubeeren und Himbeeren sind von einer Süße, wie wir sie nicht kennen. Und das zwischen dem 59. und 60. Breitengrad! Wir denken, es ist die Sonne. In Wahrheit ist es der das Land umspülende Golfstrom. Ohne ihn läge das Land unter einer nie schmelzenden Eisdecke. „Wir müssen ihm sehr dankbar sein!" sagt unser norwegischer Begleiter. Also Sonne *und* Golfstrom. Von ihnen zehrt das ganze Land mit all seinen Menschen.

Die Extreme sind Trumpf: viel Licht im Sommer, viel Dunkelheit im Winter. Freilich, das Glück mit dem Wetter muß dazukommen. Ein Tief ist dort ebenso trostlos wie anderswo. Wir haben Oslo hitzebrütend erlebt, die Sonnentage begleiten uns in die Berge.

Ein viele Kilometer langer und ein paar hundert Meter breiter See trennt uns von unserem Ziel, dem Berghof. Man sieht ihn liegen auf einer grünen Matte, die aus dem Wald ausgespart ist, ziegelrot gestrichen das Haus, gedeckt mit grauen Platten und daneben das kleine Ausdinghaus, der Holzschuppen, das Vorratshaus, der Stabbur: ein Häuflein, hineingeworfen in große Einsamkeit. Auf einem Felsvorsprung flattert uns zu Ehren die norwegische Flagge am Mast: rot mit weißgerandetem blauem Kreuz.

Auf unser Hupen, das von den Felsen widerhallt, sieht man drüben kleinwinzige Figuren aus der Tür treten, und eine davon steigt abwärts zum See hinunter. Nach einer halben Stunde, in der wir unser Gepäck von der Straße zum Seeufer getragen haben, legt unser Gastgeber mit dem großen behäbigen Ruderboot an. Es soll der älteste Kahn am ganzen See sein. Und erst seit ein paar Jahren ist zu den klobigen Rudern ein Außenbordmotor gekommen. Aber beim Fischen frühmorgens oder in gewitterschwülen Stunden treten die Ruder in Aktion. Im See gibt es eine Art von Lachsforellen mit rötlichem Fleisch, die wir noch kennenlernen sollen. Denn das Fischrecht, dazu zwei Inselchen, das Jagdrecht — von dem nie Gebrauch gemacht wird —, vier oder fünf Quadratkilometer Land, das ist der Besitz. Von einem Mann, der sein Leben lang beruflich im Ausland sein mußte, aus großer Heimatliebe erworben. Sein Besitz seit über dreißig Jahren. Seit dieser Zeit also wächst der Wald, wie er wachsen will: Es keimen die Tannen- und Föhrensamen, erstarken zu Bäumen, stehen und fallen wieder. Es sprießt das Gras, schießt ins Kraut, bis der Frost alles zerstört, der Schnee es zudeckt. Ursprünglich gehörte der Bergbauernhof einem entfernten Verwandten, der ohne Familie und ohne Erben starb; woraufhin der Berg mit allem, was darauf war, zum Verkauf kam. Der Bauer hatte Viehwirtschaft betrieben: Kühe, Schafe, Ziegen fanden im Sommer genug Futter. Fische aus dem See, Holz aus den Wäldern — er war ein autarker König auf seinem Berg.

Heute haben sich die Bauern auch in diesem Tal spezialisiert: Wir sahen keine Hühner am Straßenrand — dort, wo sich ein paar Gehöfte angesiedelt haben. Sie betreiben einzig Milchwirtschaft und nutzen den Holzreichtum. Die Kühe weiden überall, magere Tiere, die sich bis zum Herbst noch viel anfressen müssen. Wenn wir hören, daß am 6. Juni der See noch zugefroren war — also vor sechs Wochen —, nimmt es einen nicht wunder, daß die Winterdürre des Viehs dem Sommerspeck noch nicht gewichen ist. Aber die Milch, die wir in den folgenden Tagen über den See holen, ist ein Gedicht.

Tuberkulose der Rinder? Nein, das kennen sie nur vom Hörensagen. Und Maul- und Klauenseuche? Das gab es einmal, aber nicht hier. Und Tollwut unter dem Wild? Weil ich schon beim Fragen bin. Unbekannt. Elche können gefährlich werden, wenn Brunftzeit ist. Von den miteinander kämpfenden Rentieren findet man gebrochenes oder abgestoßenes Geweih im Wald. Aber ich versäume — vom Hundertsten ins Tausendste geratend (lauter Dinge, die mich brennend interessieren) —, von der Ankunft zu berichten. Der See, über den wir fahren, soll tief sein. Er ist eine verbreiterte Gletscherspalte aus der abklingenden Eiszeit vor etwa 10 000 Jahren. Er endet in einer tiefen Schluchtrinne, wo Eiswasser und rollendes Gestein runde Gumpen in den Fels geschliffen haben. Jetzt treiben dort, wo es eng wird, Hunderte von Baumstämmen im Wasser. Bei der Überfahrt hat das Wasser eine tiefdunkle schwarzblaue Färbung, und das Abendlicht liegt wie Silber auf den kleinen Wellenkämmen. Bei Sturm überzusetzen, soll gefährlich sein, und es gibt Fälle, wo man der direkten Geraden die schräge Linie vorzieht, stampfend gegen die Wellen, und wo das Ufer hart im spitzen Winkel angesteuert werden muß. Der Weg zum Haus ist steil, er führt über einen reißenden Bach, dessen Wasser schäumen. Dort liegt ein Stapel frischgeschnittener Bretter und Balken, denn die Holzbrücke ist beinahe ein Opfer der Schneeschmelze geworden, und es tut not, sie zu befestigen und zu verstärken. Dann taucht das Haupthaus über den Grasspitzen auf. Man erzählt uns, es sei über hundert Jahre alt. Es habe einstmals drüben über den See gestanden. Der Vorbesitzer, offenbar ein Sonderling, dem die Taleinsamkeit noch nicht einsam genug erschien, hat es Balken für Balken übers Wasser in dieses weg- und steglose Gelände geschippert und von neuem aufgebaut, nahe am See. Doch da sich der erste Platz als zu unwirtlich erwies, wurde es nochmals versetzt. So steht es nun auf der Matte, nicht zu sehr im Schatten des Berges, der über 1300 Meter nach Südwesten zu aufsteigt. Das ist eine Höhe, die in diesen Breitengraden über die Baumgrenze hinausreicht, die Bäume vertröpfeln etwa bei 1000 Meter, und das liegt zehn Minuten Fußweg steil nach oben. Dann beginnt am Boden kriechendes Gesträuch.

Wir sind zum ersten Male in einem aus rohen Holzbalken innen wie außen gefugten Haus. Tief unter den Fenstern liegt der von hier silbrig scheinende schlangengleiche See mit dunklen Tannenrändern und mit den Stämmen wie aus einer ausgeschütteten Streichholzschachtel. Die Zivilisation hier oben ist spärlich: Es gibt keine Elektrizität. Das Abendlicht begleitet einen lange über das Abendessen hinaus. Im alten, mit gußeisernen Trollen und Berggeistern verzierten Herd knallen die Holzscheite und verbreiten eine angenehme Wärme. Wasser kommt genug vom Berg, an Quellen und Wasserfällen ist kein Mangel. Aber die Schlauchleitung endet in einem Trog vor dem Haus, von wo sie vor der Einwinterung leicht entfernt werden kann. Das Wasser ist köstlich, ohne eine Spur von Kalk, was lediglich die Körperpflege um die doppelte Zeit verlängert, denn immer fühlt sich die Haut noch seifig an. Unser Hausherr besitzt ein Transistorgerät, das er auf die Minute mit schlafwandlerischer Sicherheit zu den Nachrichten einschaltet. Zu Beginn der Meldungen hört man den Wetterbericht. Das Naturgeschehen gehört zu den wichtigsten Angaben überhaupt, zusammen mit der Windstärke auf See. Ein Bauernvolk, ein Fischervolk. Die Zivilisation hat — außer einem kleinen Propangasherd italienischer Herkunft — kaum eine Spur hinterlassen. Wenn der Hausherr sein Tagwerk mit Holzsägen — wozu eine Benzinmotorsäge benützt wird —, mit Holzhacken, Grasmähen, mit Mauernbauen gegen den andrängenden Berg, Wegplattenlegen beendet hat, nimmt er sein Walkie-Talkie-Gerät zur Hand und ruft den Bauern überm See. Ist der gerade in Hörweite, dann kann man ihn fragen, ob die Post schon da ist und ob die Milch bereitsteht.

Mit diesem drahtlosen Sprechgerät hat es eine eigene Bewandtnis: Die Kinder unseres Gastgebers fanden es an der Zeit, daß ihre Eltern, die eigentlich Stadtmenschen sind, nicht mehr einsam und schutzlos und allen Naturgewalten ausgesetzt den Sommer auf ihrem Berg zubringen sollten. So haben sie dem Vater zu seinem 70. Geburtstag dieses Gerät geschenkt — mit dem Erfolg, daß er beleidigt war! Ungehalten, daß man ihm nicht mehr zutraue, selbständig den Berg hinunterzugehen, über den See zu fahren, dort wieder bis zur Straße hinaufzusteigen, um — wenn absolut nötig — irgendeine Hilfe zu erbitten. Erst als man dem alten Herrn klarmachen konnte, daß das Geschenk nicht der Besorgnis entsprungen sei, daß es vielmehr als Spielzeug gewertet werden müsse, um mit der Welt drüben Verbindung aufnehmen zu können, erst da hat er sich darüber gefreut.

Zur Begrüßung gab es Fladbrot, sehr flache, zerbrechliche Fladen aus Graupenmehl und Wasser, die nur deshalb so flach hergestellt würden, weil die norwegischen Bauernhäuser so niedrige Decken hätten! Dazu aßen wir einen herrlichen luftgetrockneten Schinken. Es stand, wie übrigens bei jeder Mahlzeit, ungekochte Milch auf dem Tisch, von der sich jeder nach Belieben einschenken kann. Und zum Brot wurde Bier mit Aquavit (ein Luxus!) getrunken. Das Etikett dieses klaren Schnapses trägt folgende Aufschrift: „A. S. Weinmonopol garantiert, daß diese Flasche mit dem Wilhelmsen-Linienschiff ‚Talisman' nach Australien hin und zurück mitgefahren ist." Das Durchgeschütteltwerden jeder einzelnen Flasche, die hohen Temperaturen am Äquator sollen die Güte des Getränkes heben. Gut, stark, wärmend war er jedenfalls.

Dabei wurde das Einholen der Flagge vergessen, die eigentlich nicht über den Sonnenuntergang hinaus am Mast hängen darf.

Als wir um halb elf Uhr abends noch einmal vor die Haustür treten, bietet sich uns ein zauberhaftes Bild: Der ganze Himmel ist voll blutroter kleiner Wolkenschäfchen, die sich vom Rand der schwarzen Tannenspitzen her bis zum Zenit wie Bühnendraperien aufbauen. Hier muß ich ein Wort über die norwegischen Wolken sagen, die mir schon im Oslofjord in ihrer eigenartigen Struktur auffielen: Ganz gleich, ob sie nun blaugrau, weiß oder rot sind, ob groß oder klein, ihre Form ist im Grunde immer dieselbe: Jede einzelne Wolke hat eine wie mit dem Lineal gezogene dunkle Basis, auf der sich der farbige Wattebausch erhebt. Und so steht die erste über dem Horizont, scheinbar in weiter Ferne, die nächste höhere vor ihr und immer so weiter. Ich kann es nicht anders erklären: Theatervolants, in die der Zuschauer von unten hineinsieht.

Der helle Tag, der um vier Uhr mit der Sonne beginnt, was man tunlichst übersieht, um sieben Uhr aber unausweichlich anfängt, indem der Hausherr auf leisen Sohlen jedem eine Tasse starken Kaffee ans Bett bringt, eine streng eingehaltene Sitte des Hauses, der helle Tag also läßt uns tiefer in eine Landschaft eindringen, wie wir sie noch nie gesehen haben.

Der Urwald hört also nicht weit hinter dem Haus auf, dann kommt das Hochmoor, dann kommen die Latschen, und auch der Wacholder wächst geduckt, weil die lange winterliche Schneelast ihn behindert. Im Fels oben liegen noch Schneeflecken. Aber unten blüht es, quer durch den ganzen Urwald blüht's: Glockenheide und Eisenhut, der Boden ist übersät mit den zarten Glöckchen der Linnaea und den grün-weißen, starren der Preiselbeere. Wo sich kleine grasige Matten zwischen die Bäume schieben, leuchten die großen, lilafarbenen Blüten des Storchschnabels. Wir pflücken Immortellen, die sie dort Mäusezähnchen nennen, der Taubenkropf heißt „Knallblomster" und der Sauerampfer „Sure". Durchs Moos kriechen die Bergweiden am Boden hin. Das Wollgras ist dort zu Hause, Weiden oder Pappeln oder Espen durchziehen den ganzen Wald, überall hängen und fliegen ihre seidigen weißen Haarbüschel. Und dort, wo der Wald am dichtesten ist, wächst das schönste rundblättrige Wintergrün mit seinen wachsartigen Glocken. Bekanntes und Fremdes: Daphne und Trollblumen und Lichtnelken und Blutstropfen. Und ein liebliches, gelbes, duftendes Veilchen.

Dazu die ganze Skala der Moose. Ein Moosteppich, in dem man versinkt. Die Bäume stehen und fallen, wie es ihnen beliebt. Ein einzelner Mensch kann ihrer nicht Herr werden. Einmal gehen wir durch einen wahren Gespensterwald: abgestorbene Tannenriesen, schon kahl und ohne Rinde, hellgrau gebleicht und nur mit langen schwarzen Flechten behangen. Dann wieder Bergtannen, rundum benadelt, in nichts vergleichbar unseren armseligen flachzweigigen Christbäumen. Große Waldameisengebirge und Rentierlosung und Hirschlosung vielleicht, jedenfalls Elchlosung. Oft im Gras ein totes kleines Pelztier, braunschwarz gefleckt, nicht größer als ein kleiner Hamster. Das sind Lemminge, die angeblich vor Wut platzen, wenn sie ihr Ziel — das Meer, in das sie sich hineinstürzen wollen — nicht erreichen. Elstern sind in vielen Teilen Norwegens sehr verbreitet. Aber hier gibt es den Buntspecht und die Bergdohlen, und in einer Dachluke (die um ihretwillen vorläufig nicht geschlossen wird) nisten Bachstelzen, die den ganzen Tag rings ums Haus wippen und hoffentlich viele der Myriaden Schnaken vertilgen, mit denen man sich erst anfreunden muß.

So leben unsere Freunde einen kurzen Sommer lang, acht Wochen vielleicht, bis der Berg Ende August wieder lange Schatten wirft. Dann kehren sie zurück in die Stadt und überlassen das weite Land sich selber. □

Solider Strukturwandel und ein Riesenfaß Öl

Von Reinhold Dey

Geographisch ist der norwegische Wohlstand genau spiegelbildlich zum italienischen verteilt: Die starken Steuerzahler sitzen im Süden, in Sörland, Vestland und Östland. Nördlich davon beginnt Midt-Norge, dessen wirtschaftlich aktivstes Zentrum, Trondheim, im zurückliegenden Jahrzehnt Bergen an Einwohnerzahl überflügelt hat und 1968 zum Sitz einer neuen Universität ausersehen wurde. Norwegens Mezzogiorno bilden die drei nördlichsten Provinzen – Nordland, Troms und Finnmarken.

Südnorwegen umfaßt wenig mehr als die Hälfte der Gesamtfläche, und doch wohnen hier über drei von insgesamt nicht einmal vier Millionen Norwegern. Hier liegen außer der Hauptstadt noch zwei weitere der fünf großen Städte. Eine ganz kleine, Farsund, fast an der Südspitze, hielt lange einen Rekord besonderer Art: Auf jeden der 7000 Farsunder Köpfe entfiel mehr Frachttonnage als irgendwo sonst in der Welt.

Die Handelsflotte, Norwegens „schwimmende Kolonie", hat mit den von ihr eingefahrenen Devisen wesentlich zur Entwicklung der Industrie beigetragen. Ein notwendiger Beitrag, denn die so atemraubend schöne Landschaft hat ihren Bewohnern wenig mehr zu bieten als Felsen und Gletscher und geringe Erdkrume hier oder da. Wo der Tourist staunt, drängt sich dem Volkswirt die Frage auf, warum die Wikinger mit ihren seetüchtigen Booten immer wieder in die karge Heimat zurückgekehrt sind, anstatt sich weit von den regenverhangenen Fjorden niederzulassen.

Die Statistik stellt fest, daß genau 69 Prozent der norwegischen Fläche aus „Bergen usw." bestehen. Wald wächst auf 23 Prozent der Gesamtfläche, Süßwasser bedeckt fünf, und nur drei Prozent sind für den Pflug tauglich. Die Ackerbaugebiete liegen – außer am Trondheimfjord – im südwestlichen Jæren und im Südosten bis hinauf nach Hamar und Lillehammer.

Der literarisch so gründlich ausgeschlachtete Einödhof mit seinem behäbigen Wohlstand und einem Mikrokosmos trutziger Menschen ist nicht typisch für die Struktur der norwegischen Landwirtschaft. Bauer sein bedeutet in Norwegen mühsame Feldarbeit oder Viehzucht oder beides zugleich. Noch 1969 gab es auf dem kleinen Agrarareal fast 100 000 Höfe in der Untergröße 2–10 ha, nur 18 000 bis 20 ha und etwa 6000, deren Fläche mit mehr als 20 ha als einigermaßen akzeptabel gelten kann. Die gänzlich unzeitgemäße Struktur der Landwirtschaft gehört zu den großen Problemen des Landes, hat aber auch wenigstens eine positive Seite: Sie hält Arbeitskraftreserven für die ständig wachsende Industrie bereit.

Zwischen 1959 und 1969 wurden 38 000 Höfe von den Bauern aufgegeben. Diese Entwicklung beschleunigt sich

Aufgeben? Hof bei Lillehammer

Aufbauen: Werft in Kragerö

Foto: Hans Meyer-Veden

Bausteine für ein modernes Weltbild
Herausgegeben von Hoimar v. Ditfurth

Dr. Klaus Schmidt-Koenig
Das Rätsel des Vogelzugs
Faszinierende Erkenntnisse über das Orientierungsvermögen der Vögel
256 Seiten, 16 Seiten farbiger und 16 Seiten s/w-Tafelteil und 126 Zeichnungen im Text, DM 36,-

Vogelzüge gehören immer noch zu den rätselhaftesten Erscheinungen der Natur. Einer der auf diesem Gebiet kompetentesten Fachleute, Prof. Dr. Schmidt-Koenig, schildert, welche interessanten Methoden entwickelt wurden, um die Navigationshilfen der Vögel (z.B. Sonnenkompaß, Lichtsehen, Zeitinformation, Erdmagnetfeld, Geruchsnavigation, Infraschall) zu entschlüsseln.

Dr. Klaus Schmidt-Koenig ist Professor für Zoologie an der Universität Tübingen und an der Duke Universität in Durham N.C., USA. Als Autor oder Mitautor hat er inzwischen mehr als 50 Originalarbeiten über Orientierung und Navigation von Tieren sowie über verwandte Themen veröffentlicht.

Franz G. Maier
Neue Wege in die alte Welt
Moderne Methoden der Archäologie
360 Seiten mit 48 Seiten Bildteil, davon 32 Seiten farbig und 51 Strichzeichnungen im Text, DM 36,-

»Zum erstenmal legt hier ein Wissenschaftler seine praktischen Erfahrungen und theoretischen Kenntnisse über archäologische Methoden und Mittel systematisch, umfassend und für jeden interessierten Laien verständlich vor. Professor Franz Georg Maier schildert die ›Neuen Wege in die alte Welt‹ überaus spannend.«   Die Weltwoche

Werner Nachtigall
Phantasie der Schöpfung
Faszinierende Entdeckungen der Biologie und Biotechnik
452 Seiten, 32 Seiten Bildteil mit 89 Fotos, davon 22 farbig und 414 Textabb., DM 34,-

»Nachtigalls Buch bietet eine überaus reiche Fülle an natürlichen Vorlagen für technische Konstruktionen, die keineswegs rätselhaft zu sein brauchen. Die ›Phantasie der Schöpfung‹ ist eine über 400 Seiten starke Fundgrube für technisch interessierte Naturfreunde und naturkundlich interessierte Hobbybastler, für Naturwissenschaftler und Techniker«.   DIE WELT

Karl Schaifers
Geschwister der Sonne
Methoden und Erkenntnisse der modernen Stellarastronomie
268 Seiten und 8 Seiten Farbfotos und 16 s/w-Fotos und 43 Strichzeichnungen im Text, DM 34,-

Das Buch richtet sich an alle, die mehr als nur Zahlenfakten über die Sterne erhalten wollen, die vielmehr an den Problemen einer Wissenschaft und an ihren raffinierten Arbeitsmethoden interessiert sind.

Preisstand: Juni 1981

Hans G. Wunderlich
Das neue Bild der Erde
Faszinierende Entdeckungen der modernen Geologie
367 Seiten mit 18 Farbtafeln und 49 s/w-Abbildungen, DM 34,-

»Wunderlich stellt an den Leser gewisse Anforderungen, aber er belohnt sie mit einem Einblick in Zusammenhänge, der für den Nichtexperten in dieser Knappheit und Prägnanz bisher kaum zu gewinnen war«.
FAZ

Hoffmann und Campe

und zwingt zu neuen Konzeptionen für die Forstwirtschaft, denn fast zwei Drittel des Waldes gehören Bauern. Sie betrachteten Jahrhunderte hindurch ihr Holz als zinsträchtige Sparkasse und schlugen immer nur dann ein, wenn sie Geld brauchten oder eine bestimmte Holzart gerade einmal verführerische Preise brachte. Das hat zu einer Überalterung des Bestandes geführt. Die Fehlentwicklung bedrohte einen ganzen Industriezweig – die Holzveredlung –, dessen knappe Rentabilität hohe Aufwendungen für den Rohholztransport nicht zuläßt. Schon ein Blick auf die Karte zeigt, wie viele Kilometer importiertes Holz überwinden müßte. Aus den südlichen Gebieten Schwedens und Finnlands wird der knappe Rohstoff Holz nicht mehr unveredelt exportiert, aus dem Norden dieser beiden Länder und aus der Sowjetunion könnte er nur im langen Seetransport angeliefert werden – und das hält die Kalkulation einer Branche nicht aus.

Eine Waldverbesserungsaktion verjüngte und veredelte die Bestände 1962–1967 mit 600 Millionen Stecklingen. Die Norweger hoffen, den jährlichen Neuwuchs von jetzt 360 Millionen Kubikfuß auf 850 Millionen steigern zu können. Freilich erst im Jahr 2040.

Schon beim Planen neuer Industrieanlagen müssen die Norweger immer fragen: Wo ist Platz dafür? Nur ein Viertel des Landes liegt tiefer als 500 m, womit volle 240 000 qkm jeder nennenswerten industriellen Ausnutzung entzogen sind. Was bleibt, ist nicht viel größer als der Freistaat Bayern, zerstückelt und verteilt auf die 1760 km lange Strecke zwischen Nordkinn am Eismeer und Lindesnes ganz im Süden. Längst nicht alles davon ist leicht zugänglich.

Darum ballte die Industrie sich anfangs dort zusammen, wo dicht neben den Verbrauchern ein wenig Fläche unbebaut geblieben war. In der Region Oslo lebten um die Jahrhundertwende drei Viertel aller Arbeiter und Angestellten der norwegischen Industrie. Damals gab es außerhalb der Hauptstadt Christiania eigentlich nur Werften und Papiermühlen. Später kamen vor allem im Küstenstrich neue Zweige hinzu. Zwar waren es oft solche, die viel Kraftstrom und nur wenige Arbeitskräfte brauchen, wie die Herstellung von Aluminium und Stickstoffdünger, aber der umfangreiche und kontinuierlich weiterlaufende Prozeß verlagerte wenigstens einen Teil der Schwerpunkte aus der Oslo-Region.

Sie wird für Schiffbau und Schiffahrt weiterhin Zentrum bleiben. Weit über die Hälfte der etwa hundert Werften ist hier angesiedelt, weit über die Hälfte aller norwegischen Handelsschiffe hat hier ihren Heimathafen. Die bislang so bedeutende Handelsflotte wird aber ihre dominierende Stellung im Wirtschaftsleben nicht mehr lange behalten können und dürfte künftig etwa um die Marke von 20 Millionen BRT pendeln.

Die Kinder und Enkel der Kap-Hoorn-Umsegler haben es satt, mit Schiffen unter billigen Flaggen oder aus Staatswirtschaftsländern um Massenfracht zu konkurrieren. Norwegens Reeder konnten sich im Wettbewerb so lange gut halten, wie die Voraussetzungen für die Schiffahrt aller Länder etwa gleich waren. Die aber verschieben sich jetzt wieder zum Nachteil des ehrbaren Kaufmanns, der weder im Kielwasser des Protektionismus segeln noch durch Einsatz bereits abgeschriebener Schiffe und unterbesoldeter Matrosen die Frachtraten drücken kann. Darum gehen die Norweger bei ihren Dienstleistungen – analog den Industrien hochentwickelter Länder bei ihren Erzeugnissen – zu einem höheren Veredlungsgrad über. Zusammen mit der Transportleistung bieten sie eine gehörige Portion Know-how an.

Im Laufe der 70er Jahre ist vielen Norwegern – und nicht nur ihnen – der Verdacht gekommen, daß der liebe Gott Norweger sein muß. Kein anderes Land der Welt ist in derart kurzer Zeit derart reichlich mit irdischen Gütern überhäuft worden.

Im norwegischen Kontinentalsockel sind südlich des 62. Breitengrads Gas und Öl in Mengen gefunden worden, die jedes Vorstellungsvermögen sichtlich übersteigen und sich nur noch in Zahlen mit vielen Nullen ausdrücken lassen. Während der gesamten 70er Jahre waren die Norweger damit beschäftigt, diese Schätze im südlichen Kontinentalschelf anzubohren und den Abbau einzuleiten. In den 80er und 90er Jahren wird dieselbe Arbeit sie weiter nördlich beschäftigen, bis hinein ins Eismeer, dort unter ungleich schwierigeren klimatischen Bedingungen als in der nördlichen Nordsee.

Ein einziges Gasfeld, das im Sommer 1980 etwa 100 km westlich von Bergen entdeckt wurde – es heißt Gullblokka –, enthält vermutlich nahezu 1500 Milliarden Kubikmeter Gas und auch gewisse Mengen Öl. Allein dieses Vorkommen ist umgerechnet 1000 Mrd. (eintausend Milliarden!) DM wert, also etwa eine Viertelmillion pro Einwohner. In welchem anderen Industrieland der Welt kommen die Babys mit einem solchen Angebinde zur Welt?

Und es sieht so aus, als ob Norwegen nicht nur mit Öl und Gas gesegnet ist. Ebenfalls im Sommer 1980 wurden dicht bei Oslo neue Vorkommen des Härtungsmetalls Molybdän entdeckt, von denen sich vor dem Beginn großangelegter Untersuchungen nur sagen ließ, daß sie „einmalig" sind.

Die Norweger versuchen, die auf sie zukommende Wohlstandsentwicklung mit Hilfe des Parlaments so zu steuern, daß der Sektor Bodenschätze sich nicht auf Kosten anderer Sektoren übermäßig ausdehnt. Dieses Steuerungsproblem ist die große Aufgabe Norwegens während der 80er Jahre. □

Holzlager bei Scarpsborg

Zu unseren Autoren

Waldemar Augustiny lebt in Worpswede. Der Schleswiger des Jahrgangs 1897 war nach dem Studium der Philosophie, Kunstgeschichte und Germanistik zunächst Verlagslektor. Seit 1932 freier Schriftsteller, schrieb er neben Essays, Filmbüchern und Biographien (u. a. „Albert Schweitzer", „Paula Modersohn-Becker", „Franz Radziwill") zahlreiche Romane (u. a. „Die große Flut", „Die Wiederkehr des Novalis"), Novellen und Erzählungen (u. a. „Die Frauen von La Rochelle").

Martin Beheim-Schwarzbach, Mitglied des PEN, geboren 1900 in London, lebt in Hamburg. Er veröffentlichte zahlreiche Romane, Erzählungen, Essays. Zuletzt erschienen die Bücher „Der Stern von Burgund", „Schatzinseln — Zauberberge" und „Die Fußspur".

Johan Borgen, Jahrgang 1902, einer der bedeutendsten Schriftsteller Skandinaviens, debütierte 1925 mit einem Band Novellen. Sein Werk umfaßt alle literarischen Gattungen, doch erzielte er die größten Erfolge als Erzähler mit den Romanen „Lillelord" (Trilogie) und „Ich" und vor allem mit Novellen (die „Neuen Novellen" wurden 1967 mit dem Literaturpreis des Nordischen Rates ausgezeichnet). Unter dem Titel „Alles war anders geworden" erschien eine Auswahl seiner Novellen auch in deutscher Sprache, ebenso wie sein Roman „Ein Mann namens Holmberg".

Reinhold Dey, Jahrgang 1928, ist Danziger und lebte mehr als zwei Jahrzehnte in Finnland. Als Zeitungs-, Rundfunk- und gelegentlich Fernsehkorrespondent ist er für alle skandinavischen Länder zuständig und schrieb über diese mehrere Bücher. Dey zog 1977 von Helsinki nach Kopenhagen.

Hans Däumling, Jahrgang 1921, ging 1963 als Leiter der Zweigstelle des Goethe-Instituts nach Oslo. Seit seiner Rückkehr nach Deutschland (1969) hat er zahlreiche Übersetzungen aus dem Norwegischen und dem Dänischen veröffentlicht.

Dr. habil. Gerhard Eckert, geboren 1912, war Fernseh-Chefdramaturg und lebt nun als Reiseschriftsteller (u. a. „Richtig reisen", „Urlaub ohne Hotel" und viele Reiseführer) in Holstein.

Dr. Roar Hauglid, 1910 in Oslo geboren, ist Mitglied verschiedener wissenschaftlicher Gesellschaften und seit 1958 Reichsantiquar von Norwegen. Die Kunst und Volkskunst seiner Heimat hat er in zahlreichen Büchern und Abhandlungen gewürdigt.

Rolf Horn, 1916 in Estland geboren, ist seit 1956 im diplomatischen Dienst tätig, seit 1969 Kulturreferent der deutschen Botschaft in Oslo.

Finn Jor, Jahrgang 1929, ist Feuilletonredakteur der großen Osloer Zeitung „Aftenposten". Er veröffentlichte zwölf Bücher, darunter Biographien über Kierkegaard, Bernhard von Clairvaux und Otto Dibelius. 1970 erschien ein Gedichtsband rund um das Auto.

Prof. Sverre Marstrander, Jahrgang 1910, lehrt an der Osloer Universität nordische Archäologie. Er verfaßte mehrere Arbeiten über die Felszeichnungen und die Kultur der nordischen Bronzezeit.

Halldis Moren Vesaas, eine Tochter des Dichters Sven Moren, stammt aus Trysil/Ostnorwegen; sie veröffentlichte vor allem Lyrik.

Dr. Ragna Thiis Stang, geboren 1909, ist seit 1966 Direktorin der Städtischen Kunstsammlungen in Oslo. Sie veröffentlichte Abhandlungen über das Werk Gustav Vigelands und über Themen der europäischen Kunstgeschichte. Einige Arbeiten schrieb sie gemeinsam mit ihrem Mann.

Dr. Nic Stang, Jahrgang 1908, war im Schuldienst tätig, ehe er sich ganz der Publizistik zuwandte. Er verfaßte Lehrbücher, Abhandlungen und gab Essay-Sammlungen heraus. Seine Hauptarbeit befaßt sich mit der „Wirtschaftlichen Lage der Kunst in der florentinischen Bürgerrepublik". Wie seine Frau hat auch er an der Osloer Universität Vorlesungen gehalten.

Iver Tore Svenning, geboren 1925, ist Chefredakteur der Zeitschrift „Markedsføring" und vielbeachteter Literaturkritiker (Spezialgebiet: Deutsche Literatur) von „Aftenposten".

Dr. Max Tau wurde 1897 in Beuthen geboren. Nach dem Studium wurde er Verlagslektor. 1938 mußte er nach Norwegen, später mußte er nach Schweden fliehen. Hatte er vorher nordische Schriftsteller in Deutschland bekannt gemacht, so setzte er sich nun für deutsche Autoren ein. Seine Werke — „Glaube an den Menschen", „Denn über uns ist der Himmel", „Das Land, das ich verlassen mußte", „Ein Flüchtling findet sein Land" (Hoffmann und Campe Verlag, Hamburg) — haben autobiographischen, bekenntnishaften Charakter. Max Tau erhielt 1950 den Friedenspreis des deutschen Buchhandels, 1965 den Nelly-Sachs-Preis. Er lebte bis zu seinem Tode am 13. März 1976 in Oslo.

Bemerkungen

Die norwegischen Beiträge dieses Heftes übersetzte Hans Däumling, Dahlenburg bei Marienau, bis auf zwei Ausnahmen: Den Munch-Aufsatz von Ragna Thiis Stang und den Beitrag von Nic Stang übertrug Gertrud Brock-Utne, Oslo. Das Gemälde auf Seite 70 reproduzierten wir mit freundlicher Genehmigung des Munch-Museums, Oslo.

MERIAN erscheint monatlich im Hoffmann und Campe Verlag, Harvestehuder Weg 45, 2000 Hamburg 13 / Tel. 4 41 88 (1) / FS 02 14 259 / Tel.-Nr. der Anzeigen-Abteilung: 2 71 71. Adresse der Anzeigen-Abteilung: Poßmoorweg 1, Hamburg 60, FS 02 13 214 / Zur Zeit gültige Anzeigenpreisliste Nr. 21 / Das vorliegende Heft ist eine 1981 unveränderte Neuauflage der 6. Nummer des 24. Jahrgangs / Nachdruck ohne vorherige Zustimmung der Redaktion nicht gestattet, alle Übersetzungsrechte bleiben vorbehalten, für unverlangte Einsendungen haftet die Redaktion nicht / Bezug über den Buch- und Zeitschriftenhandel, die Postanstalten und den Verlag, der auch Liefermöglichkeiten im europäischen Ausland und Übersee nachweist / Preis im Abonnement monatlich 7,50 DM, zuzüglich 1,20 DM Versandkosten bei Zustellung frei Haus / Im Bezugspreis sind 6,5 % Mehrwertsteuer enthalten / Kündigungen müssen zum Quartalsende mit sechswöchiger Frist erfolgen / Führen in Lesemappen ist nur mit Genehmigung der Redaktion gestattet / Kassetten für 6 oder 12 Hefte können über den Buchhandel bezogen werden / Erschienene und lieferbare Titel beim Verlag / Printed in Germany / Gesamtherstellung: Richterdruck Würzburg.

Mit Karawane Studien-Reisen zu den schönsten Landschaften Norwegens

Erleben Sie mit uns die großartigen landschaftlichen Eindrücke Norwegens sowie die Kultur- und Baudenkmäler, vorgeschichtlichen Felszeichnungen, norwegischen Stabkirchen, mittelalterliche Städte, moderne Architekturen und vieles andere mehr.

Reiseziele aus unserem Norwegen-Programm:
- **Norwegen — Wunderwelt der Fjorde**
- **Norwegen — Wandern auf Fjellen und an Fjorden**
- **Die Lofoten — Inseln in Norwegen**
- **Unbekanntes, schönes Südnorwegen —** Kristiansand — Stavanger — Bergen
- **Große Nordkapfahrt — Lappland**
- **Norwegen — Landschaft, Kunst und Folklore**
- **Norwegen-Kreuzfahrt** Norwegen, Spitzbergen und das Nordkap

Das sind Ihre Vorteile, wenn Sie mit uns reisen:
- ausgewählte Reiserouten
- Führung von erfahrenen Mentoren
- kleine Reisegruppen
- bewährte und ausgewählte Hotels
- Inklusiv-Preise, einschl. Rundfahrten, Ausflügen, Besichtigungen, Vorträgen, Eintrittsgelder, Reisevorbereitungsmaterial, Reise-Rücktrittskosten-Versicherung, Unterkunfts- und Verpflegungskosten, Kosten für Fahrt- und Transportmittel.

Auf Studienreisen sind wir seit 30 Jahren spezialisiert (Bus-, Bahn- und Flugreisen sowie Kreuzfahrten). Jede einzelne Reise hat ein sorgfältig ausgearbeitetes Gesamtkonzept.

Bitte fordern Sie das ausführliche Reiseprogramm »Skandinavien-Island« bei uns an. Oder unser Übersichts-Programm, mit mehr als 250 weiteren Reisezielen in die ganze Welt.

Mit Karawane die Welt entdecken

Programme, Auskunft und Anmeldung:
Karawane Studien-Reisen
Friedrichstraße 167
Postfach 909
7140 Ludwigsburg
☎ (07141) 8 30 26

Trotz seines arbeitsreichen Daseins liebt der Norweger im Setesdal „moro" (Freude). Für „krangeln" (Streit) ist er nicht so sehr zu haben. Günter Ludwig ist im Setesdal seßhaft geworden, hat die Norweger dort kennengelernt, ihre Gelassenheit in täglichen Dingen und ihre Hilfsbereitschaft buchstäblich am eigenen Leibe erfahren.

Geschichten aus dem Setesdal

Von Günter Ludwig

Das war vor etwa zehn Jahren. Irgendwo im Setesdal entdeckte ich plötzlich einen Wagen mit Berliner Kennzeichen. Der Fahrer radebrechte mit einem jungen Norweger. „Kann ich Ihnen helfen?" erkundigte ich mich. „Wat denn?" fragte der erstaunt zurück. „Sie mir helfen? Aber ich wohne doch hier..."
So lernte ich den Mann kennen, der damals mit seiner Familie „nur" drei Sommermonate im Setesdal verbrachte, aber schon bald darauf zuerst Mieter, dann Eigentümer eines Häuschens im selben, wegen seiner Abgeschiedenheit und Ursprünglichkeit geschätzten Tal wurde. Aus gesundheitlichen Gründen in den vorzeitigen Ruhestand versetzt, kann er seit einigen Jahren „vorübergehend" seinen angeschlagenen Organen — er trägt überdies eine von den Norwegern drastisch als „Hitlerbein" bezeichnete Prothese — die Segnung des norwegischen Klimas gönnen. Von Zeit zu Zeit, viel zu selten, erreichen uns seine Briefe: Wie kam es eigentlich, daß ich mit Frau und Tochter als Großstädter hier im Setesdal landete? Hoffentlich gelingt es mir, Ihr Interesse wachzuhalten. Denn die Deutschen, die wir hier oft, als Touristen durchflitzend, mit Streß beladen, kennenlernen, haben keine Zeit, wollen gleich auf einmal hundert Forellen fangen, ganz Norwegen in 14 Tagen erforschen, wollen wissen, wo was los ist (hier ist nirgends was ‚los', es sei denn, man hat noch Augen im Kopf, die sehen und entdecken), und können nicht mehr zuhören, geschweige denn in Ruhe lesen.
Wie sagte Mikjel, mein erster norwegischer Freund hier, immer: „Setz dich erst mal hin, wir wollen uns im Sitzen so richtig unterhalten, nichts eilt."
Bis 1967 gehörte auch ich zu den Streßmännern, ließ mich jagen und jagte selbst. Immerhin kamen wir 1962 zum ersten Mal auf Urlaub nach Norwegen. Die norwegische Nationalhymne beginnt: „Ja, vi elsker dette landet" — ja, wir lieben dieses Land. Wir auch — schon nach dem ersten Urlaub war es so. Um die hemmenden Sprachschwierigkeiten zu überwinden, besuchten wir fleißig die Volkshochschule in Berlin. Da wir uns dann später so im Lallstadium mit Ola Nordmann (so heißt hier jeder Norweger) verhältnismäßig gut unterhalten konnten, wurden bald die menschlichen Beziehungen und Freundschaften inniger.
Wenn ich noch an den ersten Abschied aus dem Setesdal zurückdenke, wird mir ganz warm ums Herz. Wir hatten bei Mikjel, dem Waldbauern, fast eine ganze Nacht lang miteinander alte norwegische Lieder gesungen. Als es dann am nächsten Tag in die Heimat gehen sollte, kam alles zum Abschied mit an den Weg: Hund, Katze, Mikjel und sogar sein Pferd. Seine Frage, ob wir nach dem Urlaub auch mit unserem Restgeld noch gut zurückkämen — er wollte uns sonst noch etwas mitgeben —, warf uns nach der nie zuvor erlebten so stillen und wohltuenden Gastfreundschaft beinahe um.
1965 aber verlief alles ganz anders. Wir hatten ein altes Bauernhaus billig gemietet. Aber nach zwei Tagen klappte ich mit einem Zwölffingerdarmgeschwür und inneren Blutungen zusammen. Der herbeigeholte Arzt ordnete die sofortige Einlieferung in das 160 km entfernte Krankenhaus von Arendal an. Da mein Blutbestand bis zur Ankunft dort auf 32 Prozent abgesunken war, erhielt ich sofort Transfusionen von echt norwegischem Blut. Nach wenigen Tagen mitten unter Norwegern erfuhr ich genau, worauf es hier ankommt.
Der Norweger hat trotz seinem arbeitsreichen Dasein hier im Tal immer „moro", d. h. Freude. Für „moro" ist er stets zu haben, und „krangeln" (nämlich Zank) ist ihm zuwider. Wenn Ola Nordmann „abschlafft", dann „koser" er sich mit verschiedenen Dingen, mit einem „Drammen"

Im Setesdal, Foto: Gerhard Klammet

(einem Schluck Schnaps), mit einem Buch, mit einer Frau, mit einer getrockneten Schafskeule zu einem Glas „hjemme-öl" (selbstgebrautes Bier), also mit allem, was das Leben bewußter macht. Ich hatte im Krankenhaus bei all den netten Leuten viel „moro" und konnte mich bei den humorigen Geschichten, die sie sich erzählten, „kosern". Und die Schwestern und Ärzte überboten sich in Hilfsbereitschaft.

Meine norwegischen Freunde aus dem Setesdal erkundigten sich oft telefonisch nach meinem Befinden und berichteten dann meiner Frau. Oder sie luden meine Frau in ihren Wagen und besuchten mich dann zusammen. Die 160 km spielten keine Rolle. Während dieser Zeit brachte Freund Mikjel meiner Frau sein Radio, damit sie nicht so einsam wäre. Zufällig kam ein zweiter Norweger hinzu und wurde von Mikjel ermahnt: „Tritt nicht so laut auf und sprich leise mit der Frau, ihr Mann liegt schwerkrank in Arendal."

Nun, nach einigen Wochen guter Pflege war ich wieder talreif, mußte aber zur Erholung Nachurlaub beantragen. So waren wir statt vier Wochen ganze zwölf im Setesdal. Meine damals vierzehnjährige Tochter besuchte in dieser Zeit die nächste norwegische Schule. Sie wurde morgens vom Lehrer einfach abgeholt, in die Klasse gesetzt und nach Schulschluß wieder zu Hause abgeliefert. So erhielt sie gleich ihren ersten norwegischen Sprachunterricht. Aber in der Berliner Schule fragte später keiner danach: Sie kam zwei Monate zu spät zum Unterricht, schaffte das Pensum nicht und blieb sitzen.

Als mein Magen weiterhin revoltierte, legten mir die Ärzte nahe, vorzeitig den Dienst zu quittieren. Das gab den Anstoß, eine Aufenthaltsgenehmigung für Norwegen zu beantragen. Als sie im Juni 1967 erteilt wurde, fuhren wir sofort ab — wir alle, das heißt Kater Chriss einbezogen.

Ohne ihn wären meine Frau und meine Tochter wohl nicht mitgekommen. Durch die DDR-Kontrolle brachten wir ihn mit einer tierärztlichen Bescheinigung. Dann wurde es heikler. Mit Hilfe einer Tierschlaftablette schlummerte er sich über die dänische Grenze. Aber ausgerechnet zehn Minuten vor der Einfahrt des Fährschiffes nach Kristiansand wurde er wach. Aus seiner großen Handtasche steckte er neugierig den Kopf hervor. Obwohl er ihr die Hände zerkrallte, gelang es meiner Frau, ihm eine neue Schlaftablette in den Schlund zu schieben. So kam Chriss nach Norwegen. Heute ist er mit unserer norwegischen Hündin Peggy eng befreundet, und niemand ahnt, daß ein echt Berliner Kater sich hier an norwegischen Mäusen delektiert.

Der Anfang hier war nicht ganz leicht, aber mit den hilfsbereiten Freunden ging's stetig voran. Licht hatten wir im Haus, aber das Wasser mußte aus einem Brunnen hinter dem Haus geschöpft werden. Ich reparierte Uhren, und dafür wurde mir dann ein Leitungsgraben durch den steinigen Boden bis zum Haus gezogen. Mein netter Kaufmann gab mir die 100 m lange Leitung erst mal auf Pump. Als dann das erste eigene Wasser im Haus lief, hatten wir mit unseren Freunden bei hjemmeöl „moro" und haben uns mit dem köstlich klaren Wasser „gekosert".

Ich habe ständig zu tun. Uhren reparieren, Garten anlegen, Forellen fangen, reinigen, braten oder räuchern, Brot backen, Pilze sammeln, Beeren pflücken. So kommen wir alle aus der Arbeit nie heraus. Holz sägen und hacken war für mich Berliner ganz neu. Da unser erster norwegischer Winter vor der Tür stand, mußte ich tüchtig ins Holz steigen. Beim Sägen und Spalten dachte ich mir eine kleine Therapie für meine zivilisationskranke Seele zurecht: Ich legte in Gedanken alles, was mich früher geärgert oder vergrämt hatte, auf den Sägebock, zerhackte es, und — im Winter wurde es verheizt! Das bekam meinem Magen ausgezeichnet. Heute besitze ich gar keine richtige Ärgerbereitschaft mehr. Wenn so etwas aber doch mal über mich kommt, gehe ich auf den Hof, fange an zu sägen, und dann ist das Gleichgewicht schnell wieder da. Vielleicht sollte man viel mehr Holz zur Eigenbearbeitung in die großen Städte bringen, damit die Leute sich ihren Kummer von der Seele sägen können.

Wir kaufen ein Haus

1968 starb in unserer Nähe ein alleinstehender Kunstmaler; sein Häuschen wurde frei. Statt in einen neuen Wagen steckten wir unsere Ersparnisse — und einen Kredit von der Bank — in den Kauf des Hauses und zogen im Mai 1969 hier ein. Unser bisheriger Hauswirt Torgeir, mit dem wir uns immer so gut verstanden hatten, konnte gar nicht begreifen, daß wir ihm untreu wurden. Trotzdem half er fleißig beim Umzug und besucht uns oft hier im eigenen Haus.

Nun war unser Vorbesitzer zwar ein angesehener Künstler, aber gar kein Handwerker. Wir müssen von der Straße etwa 150 m hoch steigen, um ins Haus zu gelangen. Dafür war dringend eine Treppe nötig. Mit Freund Egil machte ich mich an die Arbeit. Er wie ich hatten nie vom Zementmischen im Verhältnis 1:4 oder 1:6 oder von Verschalung gehört. Obwohl ich vor der Arbeit Angst hatte, schleppte Egil eines Tages einfach einen Sack Zement heran und begann zu mischen. Die erste Stufe gelang uns recht gut. Von der dritten Stufe an wurde alles zu hoch, zu breit, zu eng, aber wir zementierten unverdrossen weiter, ließen uns von unseren Frauen loben, bis — alles trocken war. Dann wurde deutlich, wie schief und krumm unser Werk geraten war. Trotzdem laufen wir heute stolz und, ohne die Mühsal zu verraten, über die selbstangelegte Treppe.

Meine Tochter besuchte hier ein Jahr lang die sogenannte Übergangsklasse zur höheren Schule. Morgens hielt der Schulbus vor unserer Tür, nachmittags brachte er sie wieder zurück. Lehrer und Mitschüler halfen beim Lernen der Sprache. Damit sie nach einem Jahr die Aufnahmeprüfung zum 50 km entfernten Internatsgymnasium schaffen sollte, gab ihr der Rektor Nachhilfeunterricht in norwegischer Grammatik. Erstaunlich, wie hier die Lehrer noch Zeit und Liebe für die jungen Menschen finden. Nun ist unsere Tochter schon im dritten Jahr auf dem Gymnasium, hat auch dort sehr freundliche und geduldige Lehrer, und alles läuft recht gut. Der Rektor, wohl einer der letzten großen Humanisten Skandinaviens, spricht fließend Deutsch und ist wie ein Vater zu seinen Schülern. Die Tochter wohnt die Woche über im Internat und kommt zum Wochenende nach Hause. Für meine geistige Nahrung sorgt die Bibliothek in Arendal, deren „Buchauto" alle vier Wochen vor unserem Haus hält. Und falls Sie uns mal hier besuchen, werden wir sicher mitsammen „moro" haben.

Mein Freund Olav

In seiner Jugend war Olav, der heute 83 Jahre zählt, ein berühmter Spieler auf der Hardangerfiedel. Jetzt lebt er im Setesdal und verrät jedem seine Lebensweisheiten.

Da ist zuerst das Geheimnis, wie man so alt wird wie er. Jeden Tag sollte man mindestens zwei Kilometer zu Fuß gehen. Mäßig essen und trinken und gelegentlich auch einen „Drammen". Sehr wichtig, sagt Olav, daß man immer Interesse an den Frauen behält, auch wenn seine Frau Targeir, gleichaltrig, noch heute darüber erbost ist.

Und immer für guten Humor sorgen und nachts bei offenem Fenster schlafen. „Arbeite nicht zu viel mit den Händen", rät Olav, „sondern sitz und denk mit deinem Kopf, und wenn du es kannst, spekulier ein bißchen vor dich hin."

Olav brachte mir eine Lebensweisheit bei, die wohl nicht nur in Norwegen gilt. Ich kam nach dem Fischen vom Fjord auf die Straße, wo wir uns trafen. „Wieviel Forellen hast du gefangen?" wollte er wissen. Wahrheitsgemäß sagte ich: „Sechzehn." Er blickte in meinen Korb und schüttelte den Kopf.

„So ist es falsch, junger Freund. Du darfst unter keinen Umständen die richtige Zahl angeben. Nenne weniger! Weißt du, Neid und Mißgunst sind Urinstinkte der Menschen, auch bei uns. Deshalb darfst du nur einen oder zwei Fische zugeben."

Als ich ihm am nächsten Tag abermals begegnete, wiederholte sich das Spiel. Acht Forellen hatte ich gefangen, aber auf seine Frage gab ich zur Antwort: „Heute nur zwei." Er blickte schmunzelnd auf die acht Fische und nickte mir zu: „Klug, junger Freund, ja, so ist es richtig!"

Im Setesdal spielt man „Kastebytte"

Dieses Spiel für vier Männer, die „moro" haben wollen, erinnert an die alten Zeiten vor hundert Jahren, als die ganze Wirtschaft nur im Tausch von Ware gegen Ware bestand.

Wenn vier Mann so beisammensitzen, verdecken sie ihre Armbanduhren mit der Hand und beginnen zu bieten. „Meine Uhr kannst du haben, wenn du mir deine Uhr gibst und 30 Kronen dazu." So macht jeder sein Angebot, und schnell wird der Handel abgeschlossen. Das geht so rasch vor sich, daß man als Außenstehender gar nicht mehr folgen kann, wer jetzt eine kostbare oder armselige Uhr hat. So kann es am Schluß geschehen, daß einer seine kostbare Omega für eine wertlose Kartoffel einhandelte und gar noch 50 Kronen draufzahlte. Aber niemand ärgert sich, denn der Wertverlust ist belanglos gegenüber der Tatsache, daß alle vier miteinander „moro" hatten.

Ich selbst, der ich durch mein Uhrenreparieren Fachmann bin, werde von niemandem zum „Kastebytte" aufgefordert. Jeder weiß, daß er dabei nur verlieren könnte.

Um hier im Setesdal ein Telefon zu bekommen, muß man schon einiges bezahlen. Das ist verständlich. Norwegen ist ein Land mit großen Entfernungen, und es ist teuer, überallhin Telefon zu legen. So kostet die Anlage eines Telefons tatsächlich 2000 Kronen, von denen 1400 Kronen freilich im Lauf der Zeit mit den Gebühren verrechnet und so allmählich wieder erstattet werden.

Eine Sonderregelung besteht für Kriegsbeschädigte: Sie brauchen nur 600 Kronen zu bezahlen, aber nicht die zusätzliche Vorauszahlung von weiteren 1400 Kronen.

Weil das so ist, wunderte ich mich nicht, als mich einer meiner Nachbarn fragte, ob ich nicht auch ein Telefon haben wolle. Er war bereit, mir die 600 Kronen zu geben, damit ich als Kriegsbeschädigter den Antrag stellte, worauf er dann von mir aus telefonieren könnte.

„Aber das geht doch nicht", wandte ich ein. „Ich bin zwar kriegsbeschädigt, aber Deutscher. Da werde ich doch wohl bei euch keine Ermäßigung bekommen."

„Das wirst du sehen", antwortete er.

Es dauerte nicht lange, bis ich tatsächlich vom Telefonamt einen Antrag bekam, den ich nur auszufüllen brauchte: Man würde mir das Telefon verbilligt legen.

Daß ich davon keinen Gebrauch machte, steht auf einem anderen Blatt. Nur über eines dachte ich nach: Ob man bei uns daheim einem kriegsbeschädigten Norweger gegenüber ebenso großzügig wäre.

Gravlaks und Fiskeboller

Margarete Däumling plaudert aus der Küche

Die norwegische Küche gehört nicht zu denen, bei deren Erwähnung der Feinschmecker mit der Zunge schnalzt. Sind Sie aber dortzulande mit dem Auto unterwegs und haben Lust auf eine kleine Erfrischung, dann halten Sie getrost am nächsten Kiosk: Dort bekommen Sie heiße Würstchen, die sicher nicht schlechter schmecken als zu Hause. Allerdings ist der Senf, den man Ihnen dazu reicht, sehr milde und der Ketchup ohne Paprika. Ein Brötchen oder Brot müssen Sie ausdrücklich verlangen, sonst wickelt man Ihnen das Würstchen in eine Lumpe, eine Art kleiner Pfannkuchen aus Kartoffeln, Mehl und Salz, der ohne Fett direkt auf der heißen Platte gebacken wird.

Haben Sie es aber lieber süß, so lassen Sie sich Waffeln geben, am liebsten Römmevafler. Aus Eiern, etwas Zucker, dicker saurer Sahne, süßer Sahne, Milch und Weizenmehl wird ihr Teig zubereitet. Man ißt sie gern mit Butter bestrichen und mit Zucker bestreut — und Kinder können meist nicht genug davon bekommen.

Geht es dann gegen Mittag, so haben Sie verschiedene Möglichkeiten: Am schnellsten, billigsten und einfachsten essen Sie in einer Cafeteria — doch nur, wenn Ihr Besuch im Lande nicht allzu lange dauert oder Sie selten auf Gaststätten angewiesen sind. Sie könnten sonst entdecken, daß der Küchenzettel in Lokalen dieser Art im ganzen Land nicht allzu abwechslungsreich ist: Fleischklöße mit *surkål*, *middagspölse* (eine Art Brühwurst) mit gemischtem Gemüse, Koteletts mit *surkål* — so ungefähr sieht er von Sonntag bis Sonnabend aus. Und glauben Sie nur ja nicht, man gäbe Ihnen dabei etwas Sauerkrautartiges auf Ihren Teller; nein, wer schon bayerisches Weißkraut aß, der denke sich fünf- bis zehnmal soviel Kümmel und ein klein wenig Essig dazu, und er hat etwa den Geschmack des norwegischen surkål.

In größeren Orten und in „Hotells" wird die Speisekarte schon erheblich reichhaltiger. Außer den international üblichen Standardgerichten enthält sie aber ganz gewiß — zumindest an mehreren Tagen der Woche — auch *fårikål* und Fischkuchen, *fiskekake*, oder Fischklöße, *fiskeboller*, die nun wirklich zu den norwegischen Nationalgerichten gehören.

Zum *fårikål* nimmt man 1 kg Hammel- oder Lammbrust, etwa 1¼ kg Weißkohl, 2 Teelöffel Salz, 1 Teelöffel Pfefferkörner, 3 Eßlöffel Weizenmehl und etwa 4 dl kochendes Wasser. Das Fleisch wird gewaschen und in große Würfel geschnitten. Der Kohlstrunk wird herausgetrennt, und die Blätter werden in nicht allzu große Stücke geschnitten. Dann legt man die fettesten Fleischstücke auf den Boden des Topfes (hat man ein besonders mageres Stück bekommen, so fette man den Boden vorher etwas ein). Auf eine Lage Fleisch folgt eine Lage Kohl usw. Zwischen die Lagen streut man Salz und Mehl. Die Pfefferkörner werden in einem Gazebeutel am Henkel des Topfes festgebunden — so brauchen wir sie hernach nicht einzeln herauszusuchen. Nun gießt man das kochende Wasser darüber, läßt das Ganze aufkochen und langsam bei geschlossenem Deckel gar kochen. Nach 1½ bis 2 Stunden ist das Gericht fertig. Beim Servieren streut man noch feingehackte Petersilie darüber. Dazu ißt man Salzkartoffeln.

Für Fischkuchen und Fischklöße nimmt man am besten Fisch mit hellem Fleisch. Dieses wird in der Richtung vom Schwanz zum Kopf von den Gräten gelöst. 1 Pfund reines Fischfleisch wird mit 2 Teelöffeln Salz und 2 Eßlöffeln Kartoffelmehl sechsmal durchgemahlen. Dabei gibt man gegen Schluß nach und nach etwa ½ l Milch und 2 bis 3 Eßlöffel Butter oder Margarine sowie eine Messerspitze Muskatnuß dazu — und rührt das Ganze gut durch. Aus dem fertigen Teig kann man mit dem Löffel Klöße ausstechen, die etwa 10 Minuten in fast kochendem Salzwasser ziehen. Die fertigen Klöße werden mit Salzkartoffeln und Gemüse in weißer Sauce, Kapern-, Curry- oder Krabbensauce serviert. Den Fischteig kann man ebenso in eine vorgefettete Kastenform geben und als Fischkuchen herausbacken. Danach schneidet man ihn in Scheiben und brät ihn in der Pfanne braun.

Sollten Sie zum Abschied von Norwegen Ihr restliches Urlaubsgeld „gut anlegen" wollen (es darf nur nicht zu wenig sein), dann rate ich Ihnen zu folgendem Menü: Fischsuppe, Gravlaks oder Räucherlachs auf Toast, Rentiersteak (dyrestek) mit Salzkartoffeln und den unvergleichlichen norwegischen Preiselbeeren (tyttebaer) und zum Nachtisch Multer mit Zucker und Sahne. Falls Sie es selber zubereiten wollen:

Zur *Fischsuppe* kochen Sie — am besten aus einem Lachskopf, ein Dorschkopf tut's aber auch — eine dicke Fischbouillon. Zu ¾ l Bouillon nehmen Sie ¼ l Milch, eine Karotte, einen Stengel Lauch, eine Selleriewurzel, 30 g Butter oder Margarine, 30 g Mehl, 2 dl saure Sahne, Schnittlauch und Salz nach Bedarf. Die Suppenzutaten werden gereinigt, in Streifen geschnitten und in der Bouillon weich gekocht. Aus Mehl und Butter bereiten Sie eine Mehlschwitze, der Sie nach und nach die kochende Bouillon zugießen. Nach zehn Minuten Kochen geben Sie die Sahne und die Suppenzutaten zu und streuen reichlich Schnittlauch darüber.

Schwieriger ist es schon mit dem *Gravlaks*. Am besten gerät er im Frühjahr. Man entgrätet den Lachs sorgfältig, wäscht ihn aber nicht. Danach reibt man ihn mit einer Mischung aus Salz und Zucker ein. In eine niedrige Form werden eine dicke Lage Dill und (oder) Tannenzweige gelegt. Darauf kommt die eine Hälfte des längs aufgeschnittenen Lachses mit der Innenseite nach oben. Dann streut man zerstoßene weiße Pfefferkörner darüber und legt darauf reichlich Dill. Die andere Hälfte des Fisches wird nun mit der Innenseite nach unten daraufgelegt und wiederum mit Dill oder Tannenzweigen abgedeckt. Schließlich wird die Form mit einem schweren oder beschwerten Deckel verschlossen. Bei Kellertemperatur (8 bis 12 Grad) sollte der Lachs in 24 Stunden fertig sein.

Das Rentiersteak sollte man am besten wie einen etwas mageren Braten zubereiten.

Und nun zum Schluß die *Multer* oder *Molter* oder *Multebeeren*. Sie wachsen nur ganz droben im hohen Norden (obwohl man auch in den Wäldern rings um Oslo einzelne entdecken kann). Im September werden sie gepflückt, gelbe, himbeerähnliche Beeren, die ohne Konservierungsmittel frisch auf den Tisch kommen. Ihr würzig-herber Geschmack kommt am besten heraus, wenn man viel Zucker und reichlich Sahne dazu gibt. Guten Appetit!

Zwei wirklich ungewöhnliche Geschenkideen:

Viele Menschen neigen dazu, Eulen mythisch zu überhöhen, weil sie kaum etwas oder nichts über die geheimnisvollen Nachtgreife wissen. Dabei sind die naturwissenschaftlichen Tatsachen über Eigenarten und Lebensgewohnheiten der Eulen eine faszinierende Materie, die in diesem Buch zum erstenmal in ihrer ganzen Vielfalt zusammenhängend dargestellt wird.

An die hundertdreißig Eulenarten, vom gewaltigen Uhu bis zum winzigen Sperlingskauz, bevölkern die Kontinente unserer Erde. Der Autor berichtet über sie, über ihre äußeren Kennzeichen und Jagdmethoden, ihr Balzverhalten und „Familienleben" ebenso wie über ihre Schwierigkeiten mit einer technisierten Umwelt. Der prachtvoll ausgestattete Bild-Text-Band enthält 174 faszinierende Fotos der bekanntesten Naturfotografen.

Großformat: 22,0 x 28,0 cm, 224 Seiten, mit 93 s/w-Fotos und 81 farbigen Fotos, Linson, DM 68,–

Löwen brüllen, Wildhunde jagen, Zebras flüchten – die ungewöhnlichen Fotos dieses Bildbandes und sein lebendiger Text führen den Leser mitten hinein in das großartige Tierparadies der Serengeti. Bild und Text lassen ihn Jagdfieber und die Nähe wilder Raubtiere spüren, lassen ihn die Einsamkeit der Nacht am Lagerfeuer erleben, den harten Steppenwind fühlen und den staubigen Schweiß der Mittagshitze schmecken.

Die außergewöhnlich schönen Fotos dieses Buches sind in jahrelanger Arbeit des Fotografen Reinhard Künkel in der Serengeti entstanden; sie spiegeln die herbe, wilde Großartigkeit, aber auch die Härte des Lebenskampfes dieses grenzenlosen Schauplatzes wider.

Großformat: 26,5 x 33,5 cm, 256 Seiten, davon 144 Seiten Bildteil mit 130 farbigen Fotos, Leinen und Graupappschuber, DM 125,–

Spätere Preisänderungen vorbehalten.

Ohne die Mundwinkel zu verziehen

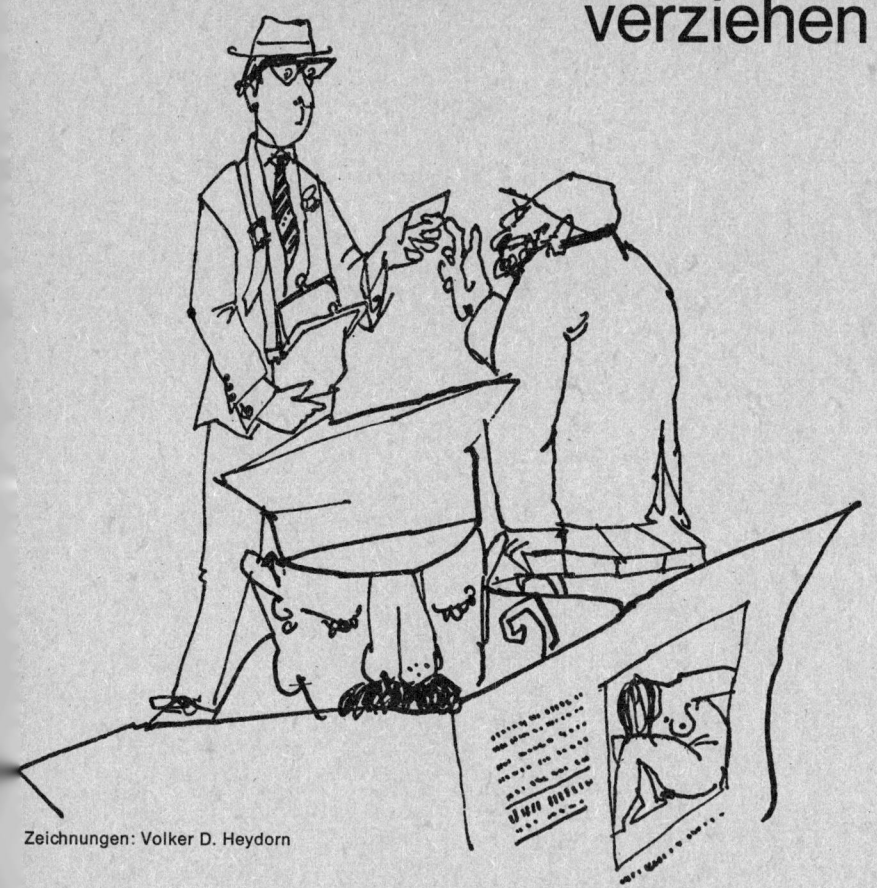

Zeichnungen: Volker D. Heydorn

Gerechtigkeit

Oslo ist nicht nur Norwegens Hauptstadt, sondern zugleich die größte Hafenstadt des Landes. Viele Osloer sind irgendwann mal zur See gefahren und dann wieder an Land zurückgekehrt.
Truls suchte nach langen Jahren auf See Arbeit an Land. Sein Blick fiel auf eine Anzeige der Osloer Verkehrsbetriebe, die Schaffner für die Straßenbahn suchten. Er bewarb sich, wurde angelernt und fuhr zum ersten Mal allein seine Route Majorstua—Kjelsås. Die Arbeit behagte ihm sehr.
Drunten am Holbergplatz fiel einem der Betriebskontrolleure auf, daß der neue Schaffner ganz friedlich im Wagen saß und Zeitung las, während einer der Passagiere herumging und Fahrkarten verkaufte.
„Was in drei Teufels Namen hat das alles zu bedeuten?" wollte der Kontrolleur wissen.
„Ja", antwortete der Neue, „das ist schon ganz in Ordnung. Ich hab' droben im Bogstadveien einen blinden Passagier erwischt — der soll sich die Fahrt nach Kjelsås jetzt ganz schön abverdienen."

Unbefangenheit

Norwegische Kinder sind viel unbefangener als deutsche.
Klein Per sitzt auf dem Schoß seiner Mutter in der Straßenbahn. Er entdeckt einen korpulenten Herrn und kräht laut: „Fetter Knilch!" Mutter ist leicht verzweifelt, ermahnt Per und dreht ihn in eine andere Richtung. Per entdeckt eine ältere Dame und verkündet: „Alte Hexe!" Mutter, dem Zusammenbruch nahe, hebt Per hoch und stellt ihn neben sich auf die Knie mit dem Gesicht zur Straße. Der Regen peitscht gegen die Fensterscheibe. Kurze Ruhe. Dann laut und deutlich von Per: „Scheißwetter!"

Anrechnung

Wer in Stavanger geboren ist, schwört auf Stavanger. Selbst Sandnes, das heute schon mit Stavanger verschmilzt, ist kein „passender" Wohnort.
Lars und Svein, zwei alte Fischer aus Stavanger, hatten sich seit Urzeiten nicht mehr gesehen, als sie sich an einem schönen Sommertag auf dem Markt trafen.
„Wie alt bist du jetzt eigentlich, Lars?" fragte Svein.
„67", antwortete Lars, „67 an Michaeli."
„67? Ich dachte, du wärst so alt wie mein Bruder, und der ist schon 70!"
„Ja, das stimmt schon — aber ich war drei Jahre in Sandnes, weißt du, und die rechne ich nicht mit."

Relativität

Vor vielen Jahren wohnte in Heddal in Telemark ein eingefleischter Junggeselle. Er hatte einen kleinen Hof und pusselte so vor sich hin mit seinen Tieren. Eine Schönheit war er nun gerade nicht.
Er hatte einen Freund, Ola Kåsa hieß er übrigens, und wenn das überhaupt möglich war, dann war der noch weniger schön anzusehen; die Leute sagten, er sei so ungefähr das Häßlichste in Heddal!
Eines Tages kam der Bauer zu seinem Freund, dem Ola, herunter und sagte: „Du, Ola, tust du mir den Gefallen und gehst mit mir zu der Åsta Lia?"
„Zur Åsta", antwortete Ola, „was willst du denn dort?"
„Tja — ich will um die Åsta freien. Ich möchte jetzt eine Frau."
„Aber um Gottes willen: Warum soll ich denn dabeisein?"
„Ja, weißt du, Ola, wenn die Åsta dich sieht, vielleicht sagt sie dann eher ja zu meinem Antrag." □

Harter Segen der Erde

Von Martin Beheim-Schwarzbach

Vom Nordkap bis Kristiansand ist es eine weite, weite Strecke, und wollte man gar den Küstenverlauf aufmessen – er wäre schier nicht zu berechnen. Vom zweiundsiebzigsten bis zum achtundfünfzigsten Breitengrad: so weit reicht auch die Spannweite der Romane des Norwegers Knut Hamsun, eines der größten Erzähler seiner Zeit. An seinem Beispiel wird wieder einmal deutlich, daß man sich auf sein Heimatland beschränken, „nur" dessen Lebensfülle, die eigene, erlebte Welt darstellen und doch Werke der Weltliteratur schreiben kann.

Hamsun war schwerlich ein Mann der See zu nennen, deren endlose, zerrissene Küste mit ihren Fjorden dem Lande ein so starkes Siegel aufprägt, sondern er war vielmehr ein Sohn der Wälder, die sich gleichfalls vom Eismeer bis zum Skagerrak erstrecken und deren herbe Poesie er seine Wanderergestalten so bewegend beschreiben läßt. „Wenn die Wälder nicht zu mir kommen, muß ich zu ihnen gehen", schrieb er einmal; aber da war er noch nicht der grand old man *mit dem schlohweißen Bartgestrüpp,* der sich auf seinem Gut Nörholm als Landwirt verstand, sondern der hagere, straffe Ruhelose, der von einer Stätte zur anderen wechselte, um seine Bücher zu schreiben. Und der dann später als der Großbauer, der er zu sein glaubte, die Ruhe nicht fand, die er zum Schreiben brauchte, sondern sich einen Schuppen, eine Baracke, wie so oft, abseits vom Hause einrichtete, um dort zwischen schlichten vier Wänden zu arbeiten. Denn er hielt nichts vom Luxus, nichts von der Zivilisation, nichts von den Städten, deren eine ihn einst das Hungern gelehrt hatte.

Er hatte schon einmal, um die Mitte des Lebens, einen Hof erworben, Skogheim, aber ihn nach sechs Jahren wieder aufgegeben und ein Haus in Larvik dafür gekauft; aber auch dort schlug er nicht Wurzeln. Ein Jahr später kaufte er den Hof Nörholm, nahe dem Hafenort Grimstad, der bei Kristiansand liegt, am Skagerrak, und dies sollte seine Bleibe und sein endgültiges Zuhause werden für den Rest seines Lebens.

Von Grimstad aus gelangt man mit einem Bus nach Nörholm; mit Eisenbahnen ist es dort dürftig bestellt, und wenngleich in Sichtweite des weltenverbindenden Meeres, ist man hier Eremit in der Einsamkeit einer Natur, die nur wenig von den oft so zweifelhaften Segnungen der Zivilisation berührt wird. Allerdings liegt der Hof in der Nähe einer Landstraße, auf der die moderne Technik sich breitmacht – Autos und Lastwagen und dahinratternde landwirtschaftliche Maschinen –, was den Dichter irritierte, womit er sich jedoch notgedrungen abfinden mußte. Das Gut war etwa 150 000 Quadratmeter groß, und es sollte das endgültige Refugium werden – so trübselig sich auch der Einzug anließ, den Frau Marie einmal schilderte:

„... ein Chaos! Es war ein regnerischer Tag im November. Nasses Umzugsgut und nasse Kinder auf dem Hofplatz, Kühe und Pferde, triefende Hühner, die auf einem Baum hockten. Wo man ging und stand, stolperte man über ein flüchtendes Kaninchen. Dann kam die Dunkelheit über das Durcheinander, und ich hängte alle eßbaren Sachen an die Decke, wegen der Ratten. Wir kauften eine Anzahl kleiner Petroleumlampen als vorläufige Hilfe – es hieß, daß die Gegend bald elektrischen Strom bekommen sollte. Es wurden drei Jahre daraus!"

Es ist eine Landschaft mit kargem Boden, mit Feldern, die an dichten Mischwald grenzen, der sich bis zu den in der Ferne ansteigenden Gebirgszügen erstreckt. Hamsun lebte mit seiner Familie hier zwischen dem Meer, das er von fern schimmern sah, und den Wäldern, die er nun schon viel seltener durchstreifte, auf seiner Scholle, auf die er stolz war und die ge-

Knut Hamsuns großes episches Werk nimmt in der Weltliteratur einen unverrückbaren Platz ein. Aber davon soll hier nicht die Rede sein. Hier geht es um Hamsuns lebenslange Sehnsucht nach eigenem Grund und Boden, sein Verlangen nach Landnahme, das von seinem Werk nicht zu trennen ist, auch wenn es diesem zuzeiten im Wege stand.

rade die richtige Größe für seine Vorstellungen vom einfachen und menschenwürdigen Leben hatte.

„Ja, ich versuche wieder", schrieb er in einem Brief, als er seine Augen auf Nörholm geworfen hatte, „ein kleines Grundstück auf dem Land für mich zu finden. Nur muß ich meinen eigenen Raum weit genug entfernt von der Familie haben, aber dort, wo das Haus groß genug wäre, ist die Landwirtschaft so riesig, und wo diese passend wäre, ist das Haus zu klein. Und jetzt zu bauen ist nichts für kleine Leute, das ist nur für Börsenjobber. Es ist sehr schwer, etwas Geeignetes zu finden, aber irgendwie wird es schon gehen. Ich hatte nicht gedacht, daß ich es noch einmal mit der Landwirtschaft versuchen würde, aber mit der Landwirtschaft geht es mir schlecht, und ohne sie geht es mir auch schlecht, das eine ist wie das andere."

1918, als er 59 Jahre alt war, wurde es denn also Nörholm, und er ging mit Feuereifer an die Aufgabe, eine Musterwirtschaft daraus zu machen. Er stürzte sich mit vollen Segeln in die Arbeit, es gab nichts auf dem Hof, um das er sich nicht persönlich kümmerte – und doch ist von Anfang an die Zerrissenheit des Mannes zu spüren, der das eine wie das andere will: Bücher schreiben und den Boden bestellen. Daß er zwei Jahre darauf den Nobelpreis für Literatur bekam, beflügelte seinen literarischen Schaffenseifer – der Landwirt trat hinter den Autor zurück.

In einem abseits gelegenen Holzschuppen schrieb Hamsun auf einem über zwei Böcke gelegten Holzbrett seine größten Romane: „Die Weiber am Brunnen", „Das letzte Kapitel", „Landstreicher", „August Weltumsegler", „Nach Jahr und Tag" und „Der Ring schließt sich".

Er schrieb sie unter vielen selbstquälerischen Beschwerden, die ihn einmal gar veranlaßten, sich in Oslo in psychoanalytische Behandlung zu begeben, wechselte zu wiederholten Malen zwar nicht das Domizil, wohl aber den Arbeitsplatz.

So läßt sich sehr wohl denken, daß darüber sein anderer Ehrgeiz, der des Landwirtes, zu kurz kam, daß der Hof kein Musterbetrieb werden konnte.

„Ich habe Nörholm um meiner Kinder willen, für mich wären eine Hütte und ein Wald gut genug." Und in einem anderen Brief: „Literatur ist für mich nichts Rechtes mehr, ich bin jetzt seit vielen Jahren Landwirt, aber nun muß ich leider von meinem Hof weg, da meine Nerven so schlecht sind." Und wiederum: „Regen, Regen, das Getreide, das ich vor einem Monat geschnitten habe, wird nicht annähernd trocken und fault jetzt. Aber es ist enorm, wie das Gras bei solchem Regen wächst, das Vieh wird feist, während der Besitzer verarmt." Und ein andermal: „Man sollte immer weniger Zeit auf die Dichterei verwenden. Man sollte in seinem Haus wirken, zwischen Kindern und Ehegatten."

Dazwischen klagte er, dem doch ansehnliche Honorare aus vielen Ländern zuflossen, über Geldmangel, über notwendige Anschaffungen, über die Steuern, denn ein Lebenskünstler war er nicht, und mit Geld richtig umzugehen war auch nicht seine Sache; auf Perioden pedantischen Geizes folgten oft kurzsichtige und leichtsinnige Entscheidungen.

Es kam auch die absonderliche, für ihn eigentlich unglaubwürdige Episode mit dem Auto, das er sich anschaffte: ein gebrauchter siebensitziger Cadillac, „so groß wie ein Haus", wie Frau Marie sich ausdrückte. Sie war es, die fuhr. Knut sollte das Fahren erst von ihr lernen. Die Verkehrspolizei nahm es damals noch nicht so genau wie heutzutage. Der Dichter hatte trotz all seinem Grimm auf die Technik und den Fortschritt Freude am Autofahren, das für ihn letztlich schnell fahren bedeutete. Es gab wildbewegte Ausflüge auf einsamen und keineswegs guten Landstraßen. Später besann er sich wieder auf seine Abneigung gegen alles Moderne: „Nein, da tut mir ja mein Gehirn leid, fahr du nur selber!"

Nörholm erwies sich eher als Experiment und Steckenpferd denn als solide Grundlage der Existenz. Das Gut verschlang, ständig im Auf- oder Ausbau, ansehnliche Summen. Seine Pläne, die notwendigen Maßnahmen zu ihrer Verwirklichung nahm er sehr ernst. Während er, wie er auf seiner Nobelpreis-Festrede in Stockholm sagte, „vor Ehre und Reichtum ganz dick wurde", verzettelte er sich mit Plänen, die nur zum Teil und nur unvollkommen auszuführen waren: Urbarmachung, Trockenlegung, Aufforstung, Straßenbau . . .

Was war das alles? Es war der Segen der Erde, der ihm nachging. Der schönste Buchtitel, den es je gab, der Titel seines Romans, der seinen Ruhm begründete und für den er auch den Nobelpreis erhalten hatte. Es ist die erste Bekundung seiner tiefsten Sehnsucht, der „Landnahme", wohl die urtümlichste Sehnsucht der Menschheit überhaupt, ein Verlangen, das dann mit dem Gut, das er sich im Alter erwirbt, seine Verwirklichung erfährt – aber ach, nur den blassen Schatten einer Verwirklichung. In diesem Werk, an dem er in seinen fünfziger Jahren schrieb, bekundet sich ein erzählerisches Genie, das es zustande bringt, mit einzigartiger Deutlichkeit und Eindringlichkeit dem Leser eine Landschaft vor die Seele zu stellen, ohne sie zu schildern, indem er nur die Menschen beschreibt, die in ihr leben und handeln. Es sind eine nicht näher bezeichnete Landschaft, die man sich in der Zeitferne und Einsamkeit des nördlichen Norwegens zu denken hat. Es ist das herrenlose Land und die Zeit, in der es hoch im Norden für den Einzelgänger noch eine primitive, naive Besitzergreifung und Besitzerfreude gibt und in der eine ungestörte, harte, fruchtbare, lebenswerte, menschenwürdige Aufbauarbeit möglich ist. Das Leben von Menschen, die mit beiden Beinen auf der Erde stehen.

Nicht daß die Erde nur Segen hervorbrächte – eben davon legt die Zerrissenheit dieses Dichters Zeugnis ab. Der Segen der Erde ist längst zu einer Fata Morgana geworden, seit Knut Hamsun ihm nachjagte und ihn nicht errang – nicht nur, weil es ihn nicht gibt, sondern weil er ein Dichter war, der anderes zu tun hatte: die Menschen und ihre Jagd nach dem Glück der Erde zu beschreiben. □

Knut Hamsun im Dezember 1947 bei seiner Verteidigungsrede vor dem Gericht in Grimstad. – Seit seinen Amerikajahren war ihm das angelsächsische Wesen innerlich fremd; in Deutschland war er für die Welt entdeckt worden. Diesem Deutschland fühlte er sich verbunden. Daraus erwuchs die Tragik seines Greisenalters. In seinem 89sten Lebensjahr wegen seiner prodeutschen Zeitungsartikel aus der Besatzungszeit vor Gericht stehend, sagte er unter anderem: „Es war uns vorgespiegelt worden, daß Norwegen einen hohen, einen hervorragenden Platz in der großgermanischen Weltgemeinschaft erhalten sollte, die jetzt in Vorbereitung war und an die wir alle glaubten, mehr oder minder; aber alle glaubten daran. Ich glaubte daran, und deshalb schrieb ich so, wie ich es tat . . . In hundert Jahren ist alles vergessen. Da ist auch das geehrte Gericht vergessen, vollständig vergessen. Die Namen von uns allen, die heute hier anwesend sind, werden in hundert Jahren von der Erde getilgt sein, niemand wird sich ihrer mehr erinnern, sie noch erwähnen. Unsere Schicksale werden vergessen sein."

Foto: Tore Hamsun

Oslo und Südnorwegen auf einen Blick

Allgemeines: Der Südteil des der Fläche nach fünftgrößten Landes Europas ist am dichtesten bevölkert. Nicht allein dank der Hauptstadt Oslo (500 000 Einwohner), sondern auch dank einer Anzahl blühender Küstenstädte, insbesondere der (nach Oslo, Bergen, Trondheim) viertgrößten des Landes, Stavanger (90 000), sowie Drammen (51 000), Porsgrunn (32 000), Kristiansand (62 000), Haugesund (27 000) u. a. Südnorwegen umfaßt die „Fylke" (Provinzen) Oslo mit Akershus, Østfold, Vestfold, Telemark, Aust-Agder, Vest-Agder, Rogaland und Teile von Buskerud. Der südlichste Teil Südnorwegens zwischen Kragerö und Egersund ist unter dem Namen Sörland für viele Norweger ein sehr beliebtes Erholungsgebiet

Topographie: Der südwestliche Teil der langgezogenen skandinavischen Halbinsel bildet zugleich Norwegens größte Breite. Südnorwegen ist an drei Seiten von Wasser umgeben, wobei die Küste — insbesondere im Sörlandgebiet — tiefe Einschnitte mit Fjordcharakter (wenn auch nicht so imposant wie die Fjorde der nördlicheren Westküste) und zahlreiche vorgelagerte Inseln und Schären aufweist. Von der an der Mündung der Otra liegenden Stadt Kristiansand aus erreicht man in knapp fünfstündiger Seefahrt über das Skagerrak in Dänemarks Nordspitze das zentraleuropäische Festland. Die südöstlich Oslo liegende Provinz Östfold grenzt unmittelbar an Schweden.

Sprache: Das Norwegische, eine nordgermanische Sprache, ist — als Folge langer politischer Union mit Dänemark — vom Dänischen erheblich beeinflußt. Um die Reinigung der norwegischen Sprache von dänischen Zutaten wurde seit der Mitte des vorigen Jahrhunderts hart gerungen; heute existieren praktisch zwei Sprachen nebeneinander: „bokmål" und „nynorsk". Die Jugend lernt in der Volksschule Englisch und fakultativ auch Deutsch. Der Reisende wird im Land öfter auf englische als auf deutsche Sprachkenntnisse stoßen.

Bevölkerung: Mit Schweden besitzt Norwegen den höchsten Prozentsatz blondhaariger „germanischer" Menschen: Die Statistik will wissen, daß etwa 80 Prozent der Bevölkerung blauäugig sind. Die Einwohnerzahl steigt durch die besonders hohe Lebenserwartung der Norweger schnell an und überschritt die vier Millionen. Im Gebiet des Oslofjords leben 80 Menschen je qkm (bei einem Landesdurchschnitt von 11—12). In Südnorwegen wohnen im Gegensatz zu den Streusiedlungen weiter im Norden verhältnismäßig viele Menschen in Städten und Dörfern. Außer Oslo hat Südnorwegen keine weitere Großstadt. Die Staatskirche ist evangelisch-lutherisch, jedoch besteht Religionsfreiheit. Der Norweger wirkt zunächst verschlossen, erweist sich aber immer als hilfsbereit, verläßlich und beständig.

Klima: Südnorwegen ist der wärmste (Durchschnittstemperatur $+5°$ bis $+7°$) und einer der regenreichsten Teile des Landes. Das gilt vor allem für die Küste, wo der Schnee oft taut, während im anschließenden Landesinneren, wie Telemark, schneereicher Winter herrscht. Oslo weist eine Durchschnittstemperatur von $-4,1°$ im Januar und $+16,9°$ im Juli auf. Der Gegensatz zwischen Küsten- und Binnenklima ist recht beträchtlich.

Reisezeit: Günstigste Jahreszeit — mit Bademöglichkeit im Meer — sind Juli und August. Aber auch die Zeit von Ende Mai an und der September kommen für die Küste in Frage. Ins gebirgige Innere reist man ab Juni und noch sehr gut im September bis in den Oktober hinein. Für den Wintersport kommen Dezember (Weihnachten überfüllt!) bis März/April (hohe Gebirgslagen auch noch Mai) in Frage.

Einreiseformalitäten: Bundespersonalausweis oder Reisepaß. Für Pkw D-Schild am Wagen und grüne Versicherungskarte. Hunde können nicht mitgeführt werden, da sie einer langfristigen Quarantäne unterliegen.

Währung: Eine norwegische Krone besteht aus 100 Öre. Scheine von 10, 50, 100, 500 und 1000 Kronen. Münzen ab 5 Öre bis 5 Kronen. Wechselkurs (Juni 1981): Für 100 DM erhalten Sie ca. 250 norwegische Kronen. 100 Kronen entsprechen etwa 40 DM.

Verkehrswesen: Die für Südnorwegen wichtigste Eisenbahnlinie ist die Sörlandbahn von Oslo über Kristiansand nach Stavanger, die auch Drammen und Kongsberg berührt. Sie legt die Strecke in ca. neun bis zehn Stunden zurück. Norwegens Züge haben auch in der 2. Klasse einen ausgezeichneten Komfort. Östfold wird von der Verbindung Oslo—Göteborg bedient. Von den Bahnhöfen überall Buslinien mit modernen Bussen, die sogar an Aussichtspunkten oft haltmachen. Es ist ratsam, den eigenen Wagen mitzunehmen (oder in Norwegen einen Wagen zu mieten): Die Straßen sind gerade im Süden meist recht gut und nicht stark befahren.

Während die Frachtlinie von Oslo nach Bergen neuerdings leider keine Passagiere mehr mitnimmt (das war eine der großartigsten Küstenschiffahrten), verkehren an zahlreichen Punkten der Küste Fähren, die mit Bussen koordiniert sind, sowie Ausflugsschiffe (z. B. im Lysefjord bei Stavanger).

Veranstaltungen: Oslos Theater sind im Sommer geschlossen. Nur Sommertheater im Frogner-Park. Stavanger veranstaltet im August ein „Internationales Festival des Hochseefischens".

Hotels und Unterkünfte: Der Standard der norwegischen Hotels ist ausgezeichnet. Die Bezeichnung „Hotell" ist ein Gütezeichen, das es in verschiedenen Abwandlungen gibt. Nur die besten und hoch liegenden dürfen sich „Höyfjellshotell" — Hochgebirgshotel — nennen. Gut, aber weniger hoch gelegen sind „Turisthotells". Zahlreiche Hotels liegen außerhalb einer Ortschaft für sich allein. Einfachere, aber immer saubere und gastfreundliche Unterkünfte sind die „Pensjon", die „Gjestgiveri" (Gasthaus), im Gebirge die „Fjellstue" (Berggasthof), das „Turistheim" oder auch der „Seter" (Sennhütte). Private Quartiere werden mit „Overnatting", „Vaerelser" oder „Husrom" angezeigt.

Die Preise der Spitzenhotels sind nicht ganz niedrig. Schön gelegene, wenn auch nicht immer ganz moderne Campingplätze und gute Jugendherbergen finden sich überall. Ausgezeichnet sind die hölzernen „Hytter", Ferienhäuschen, oft in Kolonien vereinigt, freilich nicht immer mit WC oder Dusche. Von der Mahlzeiten (ausgezeichneter Fisch, besonders Lachsforellen und Heilbutt) ist das Frühstück hervorzuheben, das zu freien Bedienung auf einem Tisch eine Vielzahl von Speisen aller Art bietet

Auskünfte: Norwegisches Fremdenverkehrsamt, Gertrudenkirchhof 8, 2 Hamburg 11, Tel. 0 40 / 32 76 51.

Gebrauchsanleitung für Karte un Brevier: Die ausklappbare Farb karte kann herausgetrennt werde Auf den Rückseiten steht das Bre vier, worin alle Sehenswürdigkeite aufgeführt sind. Großbuchstabe und römische Zahlen verweisen a die Planquadrate der Karte, arab sche Ziffern auf Heftseiten.

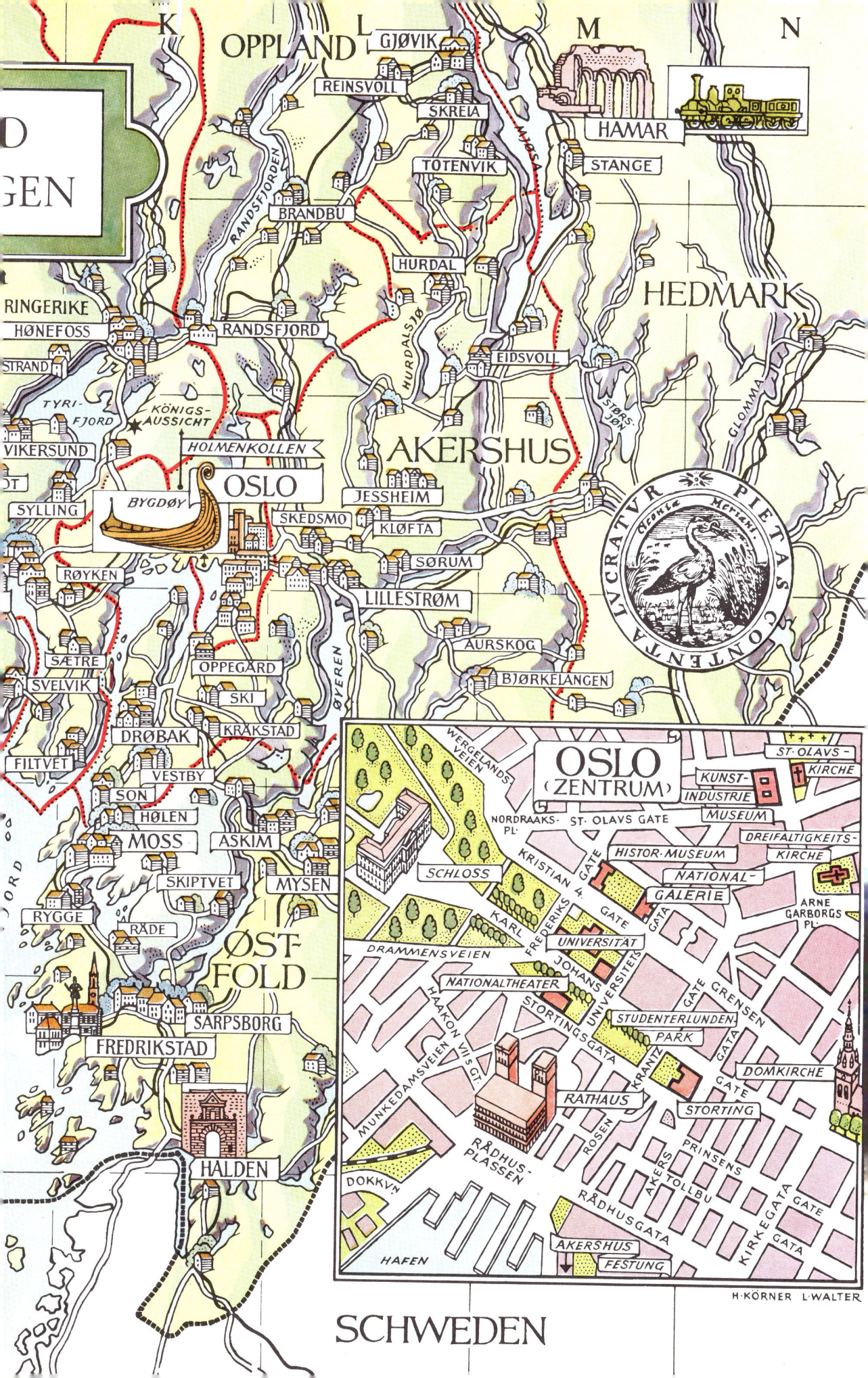

Merian-Brevier von Oslo und Südnorwegen

Das Rathaus von Farsund

Arendal: Älteste Hafenstadt des Sörlands mit terrassenartig angeordneten Holzhäusern. Fährverkehr über das Skagerrak nach Hirtshals (Dänemark). Im 19. Jahrhundert zur Zeit der „Windjammer" mit über 400 Segelschiffen Norwegens führende Seefahrtsstadt. Das 1813 im Empirestil erbaute Rathaus, früher Privathaus, ist Norwegens zweitgrößtes Holzgebäude. Alter Stadtteil Tyholmen. Mit Motorboot in 30 Minuten zum Merdöygaard-Museum, Kapitänshaus von 1700. Zur 5 km entfernten Insel Hisöy mit Fischbrutanstalt Flödevigen: Hummer, Dorsche usw. (E VI, S. 87)

Askim: In der Nähe dieser Industriestadt liegen an der Glomma drei wichtige Kraftwerke: Solbergfoss, Kykkelsrud und Vamma. Die 587 km lange Glomma ist Norwegens längster Fluß. (K V)

Bandak-Kanal: Einer der Telemark-Kanäle an der Strecke zwischen Dalen und Skien mit 15 Schleusen. Im Sommer über 138 km lange, fast zwölfstündige Schiffsfahrt möglich.

Blefjell: 1367 m hoher Berg in Telemark mit schönem Skigelände.

Bö: Hübsch gelegener Telemark-Ort. Kirche aus dem 14. Jahrhundert.

Bygland: 220 m, im unteren Setesdal, mit einem Museum, das aus alten Häusern des Tals besteht. Kirche von 1638. (D V)

Bykle: 546 m, typischer Setesdal-Ort am Fluß Otra, wo das obere Tal beginnt. Bykle-Kirche von 1804, deren bäuerlich naive Innenbemalung reizvoll ist. Einige alte Bauernhäuser als Museumsdorf. (D III)

Dalen: Ort am Westende des Sees Bandak, in dessen Nähe die stattlichen Tokke-Kraftwerke liegen. Dalen ist Endpunkt der Schiffsfahrt durch die Telemark-Kanäle (siehe Bandak-Kanal). (E III)

Drammen: Holzhandelsstadt, mit über 50 000 Einwohnern sechstgrößte Stadt Norwegens. Buskerud-Museum mit Folklore. Tollbugata und Övre Storgate mit alten Häusern. Spiraltoppen: 1600 m langer Tunnel, der im Inneren des Berges Bragernesaasen spiralförmig auf die Höhe führt. 1953—1961 durch Abbau von 70 000 cbm Fels entstanden. Aussichtspunkt Övre Bragernes, von dem aus früher die Stadt bei Feuer mit einer Kanone alarmiert wurde. (J IV, S. 24, 25)

Dröbak: Seebad am Ostufer des Oslofjords mit malerischen alten Holzhäusern am Hang. Kirche von 1776 mit Rokoko-Interieur. Über dem Städtchen einstige Befestigung Seiersten. (K IV, S. 24)

Egersund: Handels- und Fischerstadt an der Mündung des Lundeelv. Kirche von 1605, 1700 in Kreuzform umgebaut, mit Altargemälde von 1607. Im 3 km entfernten Slettebö das Dalane-Heimatmuseum. (A IV, S. 55)

Eidsborg: 380 m oberhalb des Bandak liegende Stabkirche aus dem 14. Jahrhundert, die von Dalen über Serpentinen erreicht wird. Kirche und Aussicht besonders lohnend. (E III)

Farsund: Hafenstadt auf einer vorgeschobenen Halbinsel (Lista), die bei 7500 Einwohnern über 300 000 BRT registrierte Schiffstonnage aufzuweisen hat. Seemannsschule. 7 km entfernt Kapitänshaus als Farsund-Museum. Nach Osten: Naturschutzpark des Sörlands, „Spind". (B VI, S. 55)

Finnemarka: (Nicht zu verwechseln mit der nördlichen Provinz Finnmark.) Bis 705 m hohes Waldgebiet nördlich Drammen mit Wanderwegen und gutem Skigelände. (J III)

Flekkefjord: Malerische Hafenstadt mit schmalen Gassen und alten Holzhäusern. Zum Griesefjord mit der Holländerstadt, „Hollenderbyen": winklige Gassen, niedrige Häuser, achteckige Kirche von 1832. Nahebei: Fedafjord. (B V, S. 50/51, 55)

Fredrikstad: Hier mündet die Glomma in das Skagerrak. Ankunft von Fährschiffen aus Frederikshavn (Dänemark). Nach der Vernichtung von Sarpsborg durch die Schweden 1567 wurde es von König Fredrik II. als Festung gegründet, entwickelte sich aber allmählich zur Holzhandelsstadt. Alte Garnisonstadt „Gamlebyen" vom Ende des 17. Jahrhunderts sehr sehenswert. Hier modernes kunstgewerbliches Arbeitszentrum „Plus". Unter den alten Befestigungen ist das auf einem

Hamar: Ruine der mittelalterlichen Kathedrale

Riff erbaute Fort Kongsten vom Ende des 16. Jahrhunderts bemerkenswert. (K VI, S. 26/27)

Grimstad: Alte Hafenstadt aus der Segelschiffszeit. Stadtmuseum und Apotheke vereinigen eine Sammlung von Erinnerungsstücken an Ibsen. In der Nähe die vermutlich aus dem 10. Jahrhundert stammende Kirche von Fjaere. (E VII)

Halden: Die über der Stadt um 1645 erbaute Festung **Fredriksten,** bei deren Belagerung Karl XII. von Schweden 1718 fiel und die in Norwegens Nationalhymne erwähnt wird, kann heute besichtigt werden. Im Inneren Museum. Historischer Kro von 1831. Schöne norwegische Empirekirche: Immanuelskirche. In der Altstadt von Halden Fredrikshalder Theater von 1838: einzige erhaltene Barockbühne Norwegens. (K VI)

Hamar: Stadt am Ufer des Mjösasees. Gegründet 1152 als Bischofssitz. Hedmarksmuseum mit alten Holzbauten (ältester v. 1583), nahe bei den Ruinen der gotischen Kathedrale (Domkirkeodden), erbaut im 12. Jh., zerstört von den Schweden 1557. Sehenswert: das Norwegische Eisenbahnmuseum, einziges dieser Art, mit Miniaturlinienführung und Liliputzug „Territten". Empfehlung: sommerliche Raddampferfahrt auf dem Mjösasee. (M I, S. 60, 61)

Haugesund: Teils auf dem Festland, teils auf Inseln liegende bedeutende Schiffahrtsstadt, „Stadt der Brücken". Vor der 690 m langen Karmesund-Brücke Bautasteine aus der Zeit der Völkerwanderung: 5 Steinnadeln „Die 5 törichten Jungfrauen". Nationaldenkmal „Haraldshaugen", 1872 auf dem Grabhügel des 933 begrabenen Königs Harald Haarfagr errichtet. Steinkreuz „Krosshaugen" aus dem Anfang des Christentums in Norwegen. In der Umgebung: 700 Jahre alte Olavskirche. (B I)

Horten: Als Marinebasis bedeutend, daher: Marinemuseum innerhalb des Militärgeländes. 4 km entfernt Nationalpark mit zahlreichen Königsgräbern aus der Wikingerzeit, umfangreichste Grablege Nordeuropas. In der Nähe die Borre-Kirche aus der Zeit um 1100. (J V, S. 55)

Kongsberg: Bedeutende Silberbergbaustadt vom 17. Jahrhundert an; der Abbau wurde erst 1957 eingestellt. Bergwerke heute zu besichtigen. Skizentrum mit zwei Sprungschanzen und Heimatort berühmter norwegischer Skispringer (Brüder Ruud). Die Kirche, 1761 erbaut, gehört zu den größten Norwegens: innen Holz, außen Stein. Bergwerksmuseum. Wasserfall Nybrufossen mitten in der Stadt. Heimatmuseum für die Provinz Vest-Agder. (H III)

Kragerö: Skagerrak-Stadt mit besonders malerischen alten Häusern, teils auf einer Insel gelegen. Museum außerhalb der Stadt in einem Empirehaus. Fähre nach Kjölbrönd im Kilsfjord: Zuchtanstalt für Lachse und Forellen, größte Nordeuropas. Austernbänke, bedeutende Werft. (G VI, S. 55)

Kristiansand: Größte Stadt des Sörlands (62 000 Einwohner), durch Verfügung König Christians IV. 1641 in der sogenannten „Quadratur" streng rechtwinklig angelegt. Nach Bränden: Stein- neben Holzhäusern. Seeseitig die Festung Christiansholm mit alten Kanonen und 5 m dicken Mauern. Am Stadtrand: Kirche von Odderes von 1040 mit Runenstein und Barockkanzel. Naturpark Ravnedalen und reichhaltiges Heimatmuseum für Vest-Agder und das Setesdal, altes Inventar der Kirche. (D VII, S. 55, 64/65)

Krossen: Hauptort der 900 m hohen Telemark-Landschaft „Rauland" mit ursprünglichen Höfen und alter Handwerkstradition. Am See Totak die Rauland-Kirche von 1803 mit einem Kruzifix vom Niederrhein, um 1200. (F II, S. 40)

Langesund: Städtchen am gleichnamigen Fjord, der zum Skagerrak führt. Lotsenstation. Kirche von 1755 im Rokokostil, Patrizierhäuser und Rathaus des 18. Jahrhunderts. (G V/VI)

Larvik: Fährhafen nach Dänemark in hübscher Lage zwischen Buchenwäldern. Museum im Holzhaus Herregaarden von 1670 in niederländischem Renaissance-Stil. Nautisches Museum im ehemaligen Zollgebäude von 1740. Kirche im Park der Halbinsel Tollerodden von 1677–1763. Im Chor ein Gemälde von Lucas Cranach. Gegenüber Vigeland-Plastik für gefallene Norweger des Zweiten Weltkriegs. (H VI, S. 55)

Lifjell: 1275 m hoher Berg in Telemark mit schöner Aussicht.

Lillesand: Besonders malerische Küstenstadt des Sörlands mit zahlreichen hölzernen Patrizierhäusern des 18. und 19. Jahrhunderts. Kirche Vestre Moland 1797 aus mittelalterlicher Steinkirche zu hölzerner Kreuzkirche umgebaut. (D VII, S. 55)

Mandal: Südlichste Stadt Norwegens mit 900 m langem Sandstrand und Schiffswerften. Malerische alte Häuser: Marktplatz. Größte Holzkirche Norwegens: 1821 im Empire erbaut. Rathaus „Skrivergaarden" von 1766, ein hierzulande höchst seltener Sandsteinbau. Stadtmuseum mit sehenswerter Gemäldegalerie. (C VII, S. 47, 55)

Morgedal: Das hübsche Telemark-Dorf westlich von Seljord gilt als Ursprung des modernen Skilaufs, „Telemark"-Schwung.

Moss: Industriestadt am Oslofjord. Der Konventionsgaarden erinnert an die Unterzeichnung der Union Schweden–Norwegen (1814). Stadtmuseum im Mellöspark. In der Umgebung: populäre Badeorte Son und Lavkollen. Autofähre nach Horten. (K V)

Nörholm: Zwischen Grimstad und Lillesand liegend mit dem früheren Adelssitz, den Knut Hamsun 1918 erwarb. Noch im Besitz seiner Familie. Hamsun-Museum. (E VII, S. 92–95)

Notodden: Industriestadt, in deren Nähe (7 km) die Stabkirche von **Heddal** liegt, die größte Norwegens, erbaut kurz nach 1200, im Jahre 1954 sorgfältig restauriert. Reizvolle geschnitzte Portale. In der Nähe Bezirksmuseum mit alten Häusern. (H III, S. 68/69)

Oslos neues Rathaus, eingeweiht 1950
Foto: Lauterwasser

Oslo: Norwegens Hauptstadt mit ca. einer halben Million Einwohnern: 13 Prozent der Gesamtbevölkerung des Königreiches; seit dem Brand von 1624 und ihrer Verlegung unter die Mauern von Akershus durch Christian IV. bis 1925 Christiania benannt. Das Stadtgebiet dehnt sich weit über den Stadtkern auch auf freies Land aus: Mehrere hundert Bauernhöfe gehören dazu. Sitz von Regierung und Parlament, Universität, königliche Residenz. Im Gegensatz zu den Holzhäusern der Städte im Land weist Oslo fast nur Steinhäuser auf. Nur wenige Häuser aus dem 18. und frühen 19. Jahrhundert überlebten verschiedene Brände. **Festung Akershus,** von 1300, stammt in ihren heutigen Bauten zumeist aus dem 17. Jahrhundert, als man sie zum Renaissanceschloß umbaute. Die **Domkirche** vom Ende des 17. Jahr-

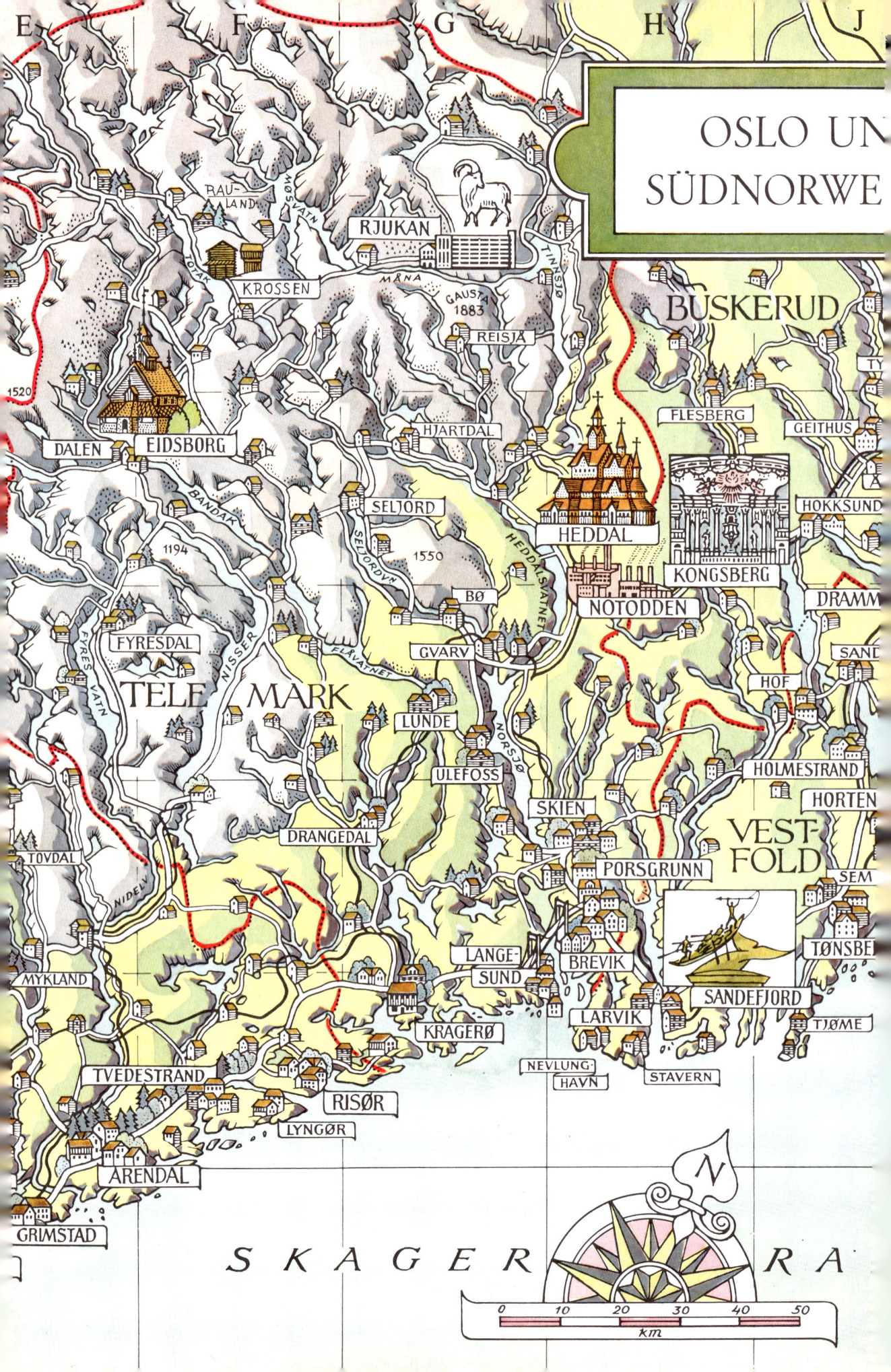

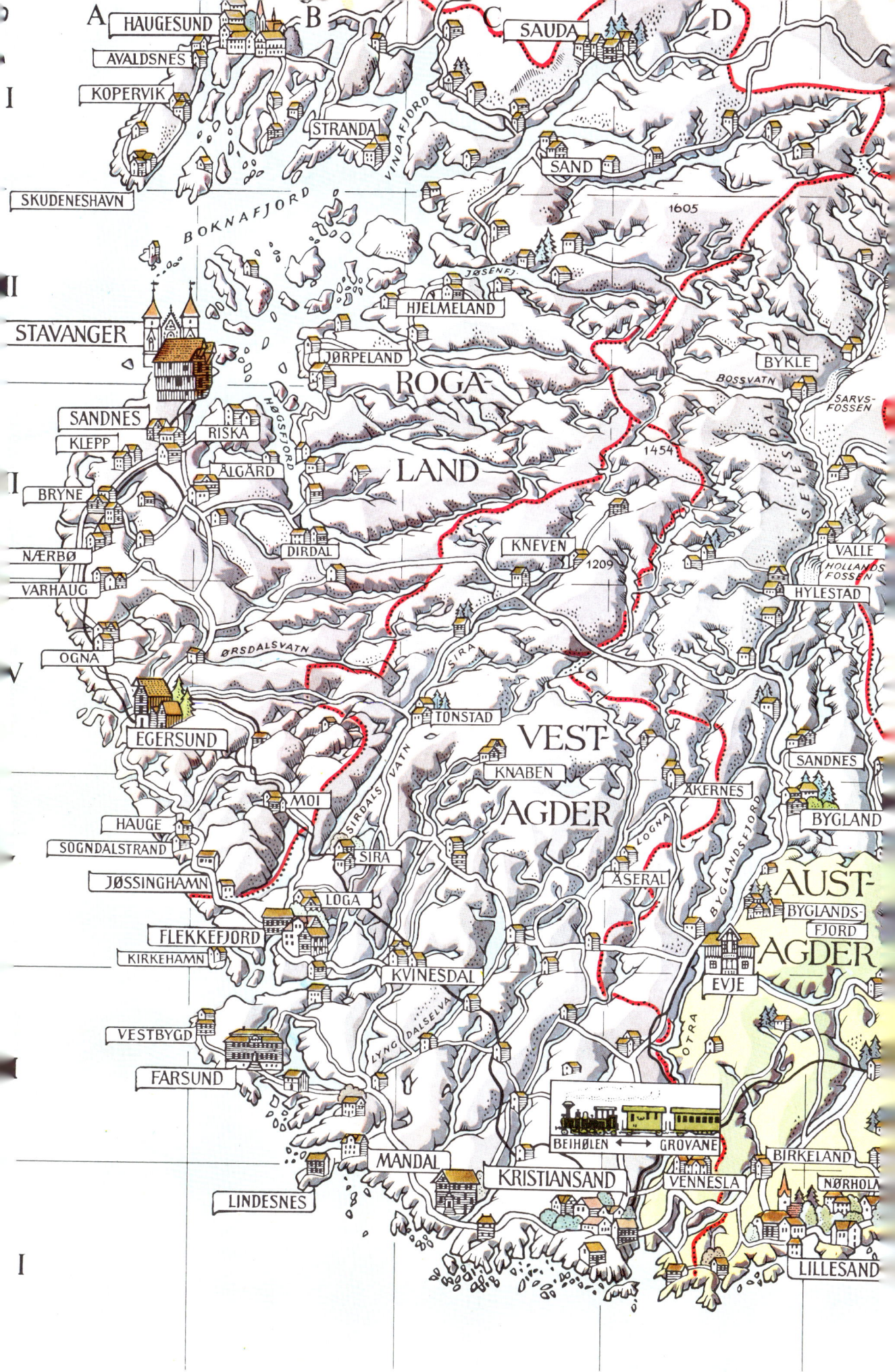

Oslo: Die Universität, erbaut 1850 von Grosch

hunderts. Älteste Kirche der Stadt die **Gamle Aker-Kirke,** aus viereckigen Kalksteinblöcken, bereits 1080 erwähnt. Das mächtige **Rathaus** wurde 1950 eingeweiht. Im Innern umfangreiche Wandgemälde zeitgenössischer Künstler. Die **Universität** wurde nach Anregungen von Schinkel durch Grosch erbaut; in der Aula die Wandgemälde von Edvard Munch. Das **Munch-Museum,** 1963 eröffnet, bietet einen großartigen Überblick über sein Gesamt-Oeuvre. Auf der Museumsinsel **Bygdöy** das Norwegische Volksmuseum (zahlreiche alte Häuser aus verschiedenen Landesteilen und mehreren Jahrhunderten sowie Stabkirche von Gol aus dem Jahre 1200, Ibsens Arbeitszimmer, Stortingsaal von 1814), das Museum der **Wikingerschiffe,** das Haus mit Nansens Polarschiff „**Fram**", das **Seefahrtsmuseum** und das **Kon-Tiki-Museum** Thor Heyerdahls. Im **Frogner-Park** die bizarren und umstrittenen Skulpturen von Gustav Vigeland. Daneben das Vigeland-Museum mit dem einstigen Atelier des Künstlers. 12 km westlich von Oslos Stadtmitte das Henie-Onstad-Kunstzentrum mit der Sammlung von Kunst des 20. Jahrhunderts der berühmten Eisläuferin Sonja Henie und ihres Mannes. (K III, S. 6—22, 56—60, 70—72, 74, 75)

Porsgrunn: Bedeutende Industriestadt mit einer weit über Norwegen hinaus bekannten Porzellanfabrik. Kirchen von 1758 und 1760. Im Stadtteil Brevik alte Seemannshäuser. Bedeutende Brücke über den Frierfjord: 677 m lang, 45 m hoch. (H V, S. 55)

Risör: „Die weiße Stadt am Skagerrak", Kirche von 1647 mit bemerkenswerter Innenausstattung. (F VI, S. 55)

Rjukan: In diesem Jahrhundert gegründete Industriestadt in Telemark inmitten hoher Berge. Kraftwerk Vemork zur Herstellung schweren Wassers im letzten Weltkrieg beschädigt. Erste Seilbahn Nordeuropas zum 890 m hohen Gvepseborg. In der Umgebung 1883 m hoher Gaustatoppen mit großartiger Rundsicht. (G II)

Sandefjord: Das Walfangdenkmal

Sandefjord: Walfangstadt, von der aus im 19. Jahrhundert Expeditionen ins Eismeer ausliefen, um Seehunde und Seeelefanten zu erlegen, wodurch die Stadt zu Reichtum kam. Heimathafen der drittgrößten Handelstonnage Norwegens. Bedeutende Schiffswerften. Walfangmuseum. Seefahrtsmuseum. Die einst vor der Stadt liegende Walfangflotte mit schwimmenden Kochereien zumeist nach Japan und Rußland verkauft. (H VI)

Seljord: Hübscher Ferienort inmitten Telemarks mit der Seljord-Kirche von 1100. (G III)

Setesdal: Eines der ursprünglichsten Täler Südnorwegens, in dem Sitten und Trachten besonders lange erhalten blieben. Reiche Silberschmiede-Tradition. Pflege von Volkskunst und Volksmusik. Alte Stabburs: Speicherhäuser für die Bauerngehöfte. Die inzwischen eingestellte Eisenbahnlinie wird in der Nähe von Grovane auf einer Länge von 4,7 km von Eisenbahnfans an Sonntagen betrieben. (D III, S. 44/45, 60, 61)

Skien (sprich: Schēn): Ausgangspunkt der Fahrt durch die Telemark-Kanäle nach Dalen. Geburtsort Henrik Ibsens mit Provinzialmuseum und historischem Ibsenzimmer. Ibsenpark mit Statue. (H V, S. 41)

Stavanger: Chor der Domkirche, um 13

Stavanger: Viertgrößte Stadt Norwegens, inmitten der rei vollen Landschaft Ryfylke und nahe dem Beginn des eigen lichen Fjordgebiets gelegen, lange Zeit Residenz der dän schen Könige. Die **Domkirche,** bereits 1125 romanisch bego nen, wurde 1300 durch einen gotischen Choranbau vollende Die einzige norwegische Steinkirche, die ihr mittelalterlich Gesicht gewahrt hat. Bemerkenswerte reichgeschnitzte B rockkanzel von 1658. — Stattliches Holzgebäude **Kongsgaa** ursprünglich dänische Königsresidenz, später Bischofssi Daran angebaut die **Mauke-Kirke,** die bischöfliche Priv kapelle, ebenfalls aus dem 13. Jh. Bunter Fischmarkt. Mehre Museen. (A II/III, S. 39, 48, 49, 52)

Stavern: Das Fort Fredriksvern war im 17. Jahrhundert N wegens Hauptkriegshafen. Außerhalb die Minnehallen, Nat naldenkmal für die in beiden Weltkriegen umgekommen Seeleute mit 6500 Namen. (H VI)

Tönsberg: Im Jahre 871 gegründete älteste Stadt Norwege Bedeutender Walfangplatz, früher Holzhandel. Nahe Tö berg wurde das Wikingerschiff von Oseberg gefunden. Bu hügel mit Festungsresten von Tunsberghus aus dem Mitte ter. Vestfold-Museum sowie Seefahrtsmuseum. (J V)